人生
需要大度

REN SHENG XU YAO DA DU

求真 / 选编

民主与建设出版社

· 北京 ·

©民主与建设出版社，2014

图书在版编目(CIP)数据

人生需要大度／求真选编. — 北京：民主与建设出版社，
2014.10

　　ISBN 978-7-5139-0441-4

　　Ⅰ.①人… Ⅱ.①求… Ⅲ.①人生哲学－通俗读物
Ⅳ.①B821-49

中国版本图书馆CIP数据核字(2014)第191577号

人生需要大度

REN SHENG XU YAO DA DU

出 版 人	许久文
编　　者	求　真
责任编辑	程　旭
策　　划	学海伟业
装帧设计	李俏丹
出版发行	民主与建设出版社有限责任公司
电　　话	（010）59417747　59419778
社　　址	北京市海淀区西三环中路10号望海楼E座7层
邮　　编	100142
印　　刷	北京建泰印刷有限公司
版　　次	2014 年11月第1版
印　　次	2018 年6月第2次印刷
开　　本	880mm×1230mm　1/32
印　　张	9
字　　数	180千字
书　　号	ISBN 978-7-5139-0441-4
定　　价	36.00元

注：如有印、装质量问题，请与出版社联系。

目录

优雅地等待命运的转机

给心灵放个假

不起眼的失误

目录

B 面更精彩

请别吝啬你的一声喝彩

人生需要大度

01

优雅地等待
命运的转机

318教室里
的教诲

我至今还清楚地记得读高中时最后一学期的第一堂英语课。我们这些男孩子(那时学校没有女生),正翘首期待着新老师的到来。不多时,一位个头很高、约莫四十来岁的男人走了进来。他腼腆地说:"下午好,先生们!"

他的声音充满一种叫人意想不到的敬意,就好像他是在高等法院里发言,而不是面对一群十几岁的孩子。他把自己的名字——威尔马·斯通写在黑板上,之后在讲台上坐下来,用手抱住瘦瘦的膝盖。

"先生们,"他开始上课,"我们这学期——你们在校的最后一个学期——将一块儿继续英语课的学习。我们将学习一些有关新闻写作的知识以及怎样完成你们每周一次的书面作业。最重要的是,我们将努力感受一下优秀文学作品给人带来的乐趣……"

他的语气中没有任何教诲的意思,而是充满友好与理解。我心里涌起一股始料未及的激动之情。

在接下来的日子里,他的热情感染了我们每一个人。他给我们上课很少拘泥形式,但从来无须用纪律约束我们。由于他对我们始终以礼相待，除了报之以彬彬有礼，我们不可能做出别的事来；他把我们当大人看，我们就没法显得孩子气。而且，我们如此迫切地醉心于参加讨论，也没有时间捣乱。

"不要害怕跟我有分歧。"他常常这样说，"有不同想法，证明你是在独立思考，这也是你们来这儿的目的。"他的信任让我们备受鼓舞，我们觉得必须更加努力，才不至辜负他的期望。

斯通先生一向讨厌草率的言辞和慵懒的写作。记得我曾在一篇书评中写道："在17岁这个敏感的年龄，他……"斯通先生给了一个尖刻的评语："'敏感的年龄'第一次使用的时候，是个不错的表达方法，可如今它是一只穿烂了的臭袜子。要创造新词——你自己的词。"

斯通先生给了我们一个老师所能给的最了不起的礼物——唤醒了我们的学习热情。他总能找到一种方法来吸引我们的注意，比如透露某个故事或某部文学作品中的人物与思想的一部分，直到引起我们的好奇，让我们迫不及待地想深入进去，然后他会戛然而止，说："我还以为你们读过某某作品呢！"看到我们摇头，他就在黑板上写下某本书的名字，之后转过身来对着我们说："有几本像这样的书，我几乎从未指望我能读到。如今有许多扇通往快乐的大门朝我关上了，可它们全都对你们开着。"

他十分推崇广泛的课外阅读。"你们知道，"有一次他说，"如果我把我所有的忠告凝为一句话，那就是：博览群书。在任何一家图书馆，你都能找到你所期待的那种不分时代、一直为人们所思考、所感受、所谈论的杰出著作。许多书都可以浏览，广泛涉猎，然后把那些能引起你兴趣、适合你口味的书带回家，好好阅读。"

"如果你生活在另一个世纪或是另一个国度，你的感觉会怎么样？"他继续说，"为什么不在18世纪大革命时期的法国生活一会儿呢？"他停下来，在黑板上写下《双城记》——狄更斯；"你想参加14世纪的战斗吗？"他写下《怀特公司》——柯南道尔；"或者在罗马帝国住一段时间？"他写下《本·赫尔》——华莱士。他放下粉笔，"一个爱阅读的人能体会到多种人生况味，而一个不读书的人则只是稀里糊涂地混迹于世。"

在毕业典礼之前，全班同学自发地决定要给斯通先生举行一场文学欢送会，我们特意为此编写了诗歌和歌曲。

先是伯尼·斯塔姆起头写一首名叫《送别》的诗，我们绞尽脑汁一人凑了一行。接着，赫布·盖伦提议编一首模仿诗，我们便模仿吉尔伯特和沙利文的《警察的遭遇很不幸》，将其改为《威尔马的遭遇很不幸》。

那天下午，斯通先生缓步走进318号教室，我们让他在第一排就座。斯通先生块头高大，坐下去后两条腿只能笨拙地伸到过道上。他就这样一动不动地坐着，直到聚会快要结束的时候，他才慢慢地开始左右环顾，依次打量着我们每一个人，仿佛是要把我们的脸庞永远铭刻在他的心中。

最后，当我们开始合唱那首模仿诗时，我们看到有泪水顺着斯通先生高高的颧骨滚落下来。我们更加放声高歌，以掩饰我们对他的注意。快唱到结尾时，大伙儿喉头哽咽，再也唱不下去了。

斯通先生站了起来，掏出一块手帕，擤了一把鼻涕，揩了一下脸。"孩子们，"他开口说话，但没人注意到他不再喊我们"先生们"，"我不大擅长表达感情，但我想告诉大家，你们给了我让我终生难忘的东西。"

我们默默地听着，他用他那轻柔而深沉的声音继续说："那就是人生的一大秘密——给予，把这一思想留给你们也许是恰当的。只有当我们给予的时候，我们才是真正幸福的。我们一直在学习的那些伟大的作家之所以伟大，就是因为他们为别人全身心地真诚地献出了自己的时间和精力。我们是渺小还是伟大，取决于我们给予别人的是少还是多。"

我知道，威尔马·斯通先生生命的一部分已经留在了曾在318号教室里聆听他教诲的我们每一个人的心中。

特殊的旁听生

今年我在京都的立命馆大学担任了一个《都市与农村》的专题讲座，主要讲采访许多乡村的实际感受。所谓"乡村"，一大半是日本的乡村。任期半年，课时14节。除了日本的国家节假日和我回国出差不得不休讲以外，大致上每周一次。上课的当天，我一般都提前去大学。我喜欢到图书馆，埋进一堆大学生当中读读书。读书读累了，哪怕打个盹儿也感觉年轻。

无论哪个国家，中国也好，日本也好，但凡是个大学，基本上都是青春的象征！

有时看看一些老教授走路，看上去，他们走在校园里显得轻，走到校外的大街上，脚步就显得重——这或许是我个人的错觉。

上周跟往常一样去了大学，分明是5月天却弄得跟7月的气温一样。天气预报说京都市内的温度已经高达32度，天气越来越不正常。我走进了教室才发现中央空调还没有打开，坐满100多个学生的教室像蒸笼一样。

加之，教室并不是阶梯教室，每个学生差不多都是肩并肩地坐着，贴身的距离变成室内升温的一大要素。

跟教务部门商量，问问可否打开空调，回答说："眼下还不行！"据说，日本政府正提倡节能，校方使用空调不仅要设定季节的限制，而且每天的时间也要被锁定，不可任意使用。看来，提前热起来的老天偏跟我们作对不可！

学生开始抱怨了，尽管我拿着麦克风跟大家解释，但看上去听我解释的学生并不多，教室里唧唧喳喳，有些混乱。我让一位坐在窗边的学生打开窗户，可没想到窗户一打开，全是外面施工工地上的吊车的轰鸣，噪声四起，越发叫人觉得热，热得闹心，而且，烦！

教室里的上述状态持续了几分钟。说老实话，我也不愿怪罪学生，正想用委婉的词儿说服一下他们，这时，教室的门突然打开了。

一位老人满头大汗，两手扒在一架电动双轮车上，他的头略微昂起来，向我也向教室里的学生致意，然后跟在双轮车的后面，两腿缓慢地往前迈，一步一步，看上去不是很习惯的样子，走起来也很吃力。有位女学生站起来要帮老人一把，但他笑笑谢绝了，仍然坚持自己走。

教室里的唧唧喳喳戛然停止了，包括我在内，所有人的目光都集中到了老人的身上。在我们看来，老人也许是步履艰辛，但他的表情没有一丝苦痛——尽管汗水在流，一直流到了他的胡须上。

他坐到了前排，用眼光告诉我他的手里有一张纸条。我赶紧走上去接过来，打开才知道这张纸条是写给我的，同时也是写给同学们的。于是，我拿起了麦克风说："同学们，老人给了我一张纸条，现在念给大家听一下。"

我稍微停顿了一下，开始念："毛先生，我叫中川平三郎，今年73岁，从小是养牛的，我乡村里的家还有20头牛。我很早就失去了太太，她得病去世了。我们有个女儿，她是一个很棒的畜牧兽医。可我两年前得了帕金森病，弄成现在这个寒碜样子，话也说不出来，真是难为情。我晚年不会太长，但就是想听乡村的事情，所以我才上了这所大学当旁听生。不知道能坚持多久，但我会咬牙拼命坚持的。给先生、给同学们添了麻烦，还请多多包涵。拜托了！"

念完了这张纸条，我发现教室里是相当安静的，再没有哪位同学因为天热而抱怨，也没有哪位同学因为空调不开而嘟囔！

教室的窗户是关上的，大家流了汗。

一直到我上完这节课，整个教室还是安静的，安静到了近乎异常的地步！

优雅地等待
命运的转机

"飞机掉河里了！"

这是2009年1月15日15时许，漫步在美国哈德逊河边的人们发出的惊呼。一架白色的飞机，如一只张开翅膀的大鸟，冲向冰冷的河水，激起巨大的水花。

机上一共搭载了155人！那是当天下午15时26分从拉瓜迪亚机场起飞的1549次航班。飞机起飞后不久就遭到鸟群撞击，使两个引擎失去动力。机毁人亡的悲剧，眼看就要发生！

然而，不可思议的事情发生了：飞机平稳停落在水面上。机上人员，包括一名九个月的婴儿和一个幼儿在内，全部幸存。除一人骨折外，其他人几乎没受什么伤。

真是奇迹！此举开创了民航史上水面成功迫降无一人死亡的先例。

1549次航班凭什么躲过灭顶之灾呢？机长切斯利·萨伦伯格成了人们口中"最大的功臣"。这位有40年飞行经验的机长，曾是美国空军战斗机飞行员。他一系列应对措施恰到好处，堪称无懈可击。

遇险后，萨伦伯格立刻从副驾驶手中接管飞机，并报告塔台，得到了"沿哈德逊河向南开，降落在新泽西的泰特波罗机场"的指令。如果按照指令，飞机会经过人口密集的居民区，万一坠落，可能带来更惨重的后果。机长稍一思忖，立刻答复："不，我们不能这样做。我们要直接降落在哈德逊河。"

这一决定相当于他把风险和责任扛在肩上。水上迫降，技术难度非常高，要求飞行高度足够低，飞行速度足够慢。否则，飞机会无法承受其与水面相撞产生的巨大作用力，瞬间解体。

技术精湛、经验丰富的萨伦伯格机长已成竹在胸，他一面努力使失去动力的飞机在空中平稳飞行，一面冷静地通知乘客"准备着陆，把身体蜷好"。

当飞机停好后，萨伦伯格坚持最后一个离开。他在舱内巡视两遍，直到确认所有乘客都已离开。他自始至终保持镇定，在给妻子打电话时，他云淡风轻地说："刚才发生了一起事故。"

乘客们没有一个人站起来呼天抢地。他们有人在祷告，有人默默地接受现实，坐在紧急出口旁的乘客则准备打开救生门……

整个机舱内安静得像图书馆一样。

安静不等于呆若木鸡。16号座位上的布瑞塔的举动，代表了生死五分钟内乘客们的表现。当机长发出"做好冲撞准备"的指令时，他立刻按示范动作，低头弯腰，护住要害部位；当飞机"坠入"水中后，他也不惊慌，坚定自己一定能活下去的信念……

飞机停泊之后，人们没蜂拥着逃生，或闹哄哄地给家人打电话，而是根据机组人员安排，有秩序地撤离。同时，他们也没忘记尽自己所能帮助他人：带孩子的妈妈，有人帮助她拿行李；职业是记者的乘客，放下了相机，拨通了紧急救援电话……

伴随着人们的撤离，河水飞快涌入舱内。飞机开始下沉了。广为传诵的"泰坦尼克风度"此刻在1549航班重现——男人们齐声喊道："让女人和孩子们先下飞机！"

隆冬时的哈德逊河河水寒意逼人，几分钟内就能冻伤肌体，再长一点时间就有冻死人的可能。

但当救生圈和缆绳抛过来时，无人哄抢，无人推搡，无人践踏。

很难想象，在短暂的"自救"过程中，这155人中，要是有一个人失去常态、反应过激，会酿成怎样的恶果。很多天灾，很多人祸，不毁于"初始灾难"而毁于"次生灾难"；不毁于技术、设施，而毁于自私的人性。

集体性的优雅，源于美国社会多年来特别是"9·11"后的应急训练。政府、媒体、社会公益机构不遗余力地传播危机应对的策略与方法，使有关理念深入人心。集体性的优雅，也源于内心深处的信仰：对他人的信任，对公序良俗的信任，对美德的信任。这种信任，最后会"正作用于"自身。

　　2009年年初，世界还笼罩在金融危机的阴霾之中。1549航班的奇迹，是阴霾中的一丝希望，一点亮色。它告诉我们：迎面而来的压力，是不可避免的，甚至可以大到把你压垮，但这样的信仰不可缺少；既然压力难以回避，何必把自己弄得像小人一样猥琐不堪？优雅一点儿，你会等来命运的转机。

请别辜负
他人的信任

一次，我为培训中心代课，只来了四个学生，我认认真真地上了两个半小时。回家天黑路滑，跌了一身泥。事后，有个朋友好心地劝我：干吗要这样认真，出两个思考题糊弄一下不就行了？我说："我不能辜负那四位顶着风雨来上课的学生。"他似乎很不理解。其实，我还有段心事没有说出来。

在我上大学二年级的时候，一个周末下午，有堂选修辅导课。教师是从另一所大学请来的。当时开学不久，再加上是周末，学校组织了好几个活动，班里的同学都忙得不亦乐乎，谁也没心思去上什么课了。我正准备参加一场年级足球赛，成天忙着在球场上训练，当然也不准备去听课，尤其是这种辅导课。

跑到球场，才发现没带足球鞋，只好又转身回教室。当我一头冲进教室，脚步却不由自主地停住了：教室里空空荡荡，只有一位埋头擦汗的白发老人坐在前排。我不觉一愣，才想起今天下午有课。不知为什么，心里有些紧张，便把脚步放轻放慢向座位走去。

"来上课的？"

一个沉着的声音在教室前排响起，我感到有一种深邃的目光在望着自己。

我没敢吭声，坐在座位上套好足球鞋，就在我刚想站起来的时候，他突然转过身来，一字一句地对我说："一个人我这课也要上，不能辜负你。"

这句话就如同一枚钉子，把我钉在凳子上。他走上讲台，背影有些苍老，但脚步却很坚定。

我看见他打开厚厚的一叠教案，然后转身，一丝不苟地写下一行板书，他的声音依然沉着，而且洪亮，空空荡荡的教室里响起一种震撼人心的回声。我悄悄地把那双足球鞋脱了，又悄悄地拿出课本，仔细地放好，用一种近乎虔诚的心情去捕捉老师的每一句话，每一个动作……

后来有很多球场上的同学都回来了，和我一样，端坐在课桌前，听这位白发的老人给我们上课。事后我才知道，他们在操场上等我，老不见人，便来找我。却在窗外看到教室里的情景，你看看我，我看看你，都从后门悄悄溜进了教室。这堂课时间过得真快，我真希望时间能过得慢点，好让更多的同学来听他的课，好像只有这样才不辜负他的一片心。

下课了，他拍拍身上的粉笔灰，向我点了点头，夹起讲义走出教室。望着他的白发和微驼的背，我的眼睛有点湿。

以后，我没有再遇到这位教师，可他说的那句话却深深地铭记在我的心里。真的，不论遇到什么困难和挫折，我们都不应该辜负别人的信任和尊重，也许只有这样，真诚地对待生活，回首往事时，我们才不会有什么愧疚和遗憾。

两个
字母

很久很久以前，有一对兄弟，他们就像你今天认识的年轻人一样……

这对兄弟招人喜爱，但是他们不怎么守规矩，骨子里有一股子野性。有一次，他们犯下了大错，他们偷了当地村民的羊——这在很久以前，在那样一个偏远又笃信宗教的地方，是很严重的罪行。这对窃贼很快就被抓住了。当地的居民决定了他们的命运：这对兄弟的额头上被印上了ST两个字母，即Sheep Thief(偷羊贼)。这个印记将伴随他们终生。

其中一个兄弟觉得羞愧难当，他逃离了这个村庄，再也没人听过他的消息。

另一个兄弟，满怀着愧疚顺从了命运。他留下来，用自己的行为弥补曾犯下的错误。起初，村民们对他仍心存怀疑，不愿意跟他有什么交往。但是，这个年轻人下定了决心要弥补自己所犯的错误。

村里不管是谁病了，这个额头上印着"偷羊贼"的年轻人都会跑过去用暖汤和爱心来照顾他。不管是谁家的活缺了帮手，这个"偷羊贼"都会跑过去帮上一把。不管是穷人还是富人，"偷羊贼"都乐意伸出援助的手。而且从未为他的善行收取过任何报酬。这一生，他似乎是为了帮助他人而活。

许多年过去后，一个游客途经他们的村庄。他坐在路边的一个小餐馆吃午餐，他的附近坐着一个老人，他发现老人的额头上印着一个奇怪的标记。他还发现，所有的村民经过老人的身旁都会停下脚步，表达他们的敬意，与老人说上几句话；小孩子也会停止玩耍，给老人一个温暖的拥抱。

外地人十分好奇，问餐馆老板："老人额头上那个标记是什么意思？"

"我不清楚，这是很久以前的事了……"老板回答道，接着他想了想，说，"我想那两个字母代表着'saint'(圣徒saint的缩写也是ST)吧。"

一生中
最重要的选择

卡尔·普兰斯是英国一名普通的火车司机。和所有的工薪族一样，卡尔大叔每天早上5点就得准时起床，匆匆扒拉几口早餐后，赶往铁路公司工作。为此，他能够获得600英镑的周工资，这是他养家糊口的钱。他已经这样工作了整整30年。就像一架机器，他日复一日地奔驰在自己的轨道上。

如果不是天上掉下的馅饼砸中了他，卡尔大叔可能就这样一直工作下去，直到退休。一次，他和家人去度假，顺手买了一张彩票，没想到幸运之神突然降临，他们中了690万英镑的大奖！

眨眼之间，卡尔大叔成了百万富翁。

他首先辞掉了火车司机的工作，然后，他将自己住的那套三居室的房子，送给了女儿，又帮助两个儿子还清了住房抵押贷款。

富裕起来的卡尔大叔拿出6.4万英镑，在海边买了一幢活动住房。住在海边，每天看海上日出，这就是卡尔大叔的儿时梦想。

紧接着，和大多数富人一样，曾经的火车司机卡尔大叔想到了周游世界。他要到全球各地去度假。

可是，让人万万没有想到的是，才跑了英国家门口几个国家，卡尔大叔忽然懒得再跑了，他对人说："中奖后，我去了国外度假，但我不能忍受自己下半辈子都做这个。我开始渴望回到工作岗位。"

于是卡尔大叔向原来的铁路公司递交了申请报告，他的申请很快获得了许可，他又回到自己工作了30年的铁路公司。

这个让人费解的卡尔大叔！

我和妻子都是彩民，每次买彩票的时候，我们都会情不自禁地幻想，如果我们幸运地中了500万大奖，那该怎么办？首先是将银行的贷款还清；把挣不了几个钱还累死累活的工作辞了，再也不用看老板的脸色了；买个大房子住，再买辆好车开；一家人四处游山玩水……然后，然后呢？

不知道。

忽然想起卡尔大叔回到铁路公司后，公司发言人的那句话：一旦工作融入员工们的血液，他们会甘愿"留在正确的轨道上"。

留在正确的轨道上，这应该是我们一生中最重要的选择，任何骤然而降的功名利禄都不应该令其改变，否则，我们的人生就会失去目标，我们的生活就会失去方向。

充满选择
的人生

这是父亲讲给我的故事。

有一位父亲，在他很小的时候父母就去世了，他成了一名孤儿，孤苦伶仃，一无所有，流浪街头，受尽人间的磨难。最后，终于创下了一份不菲的家业，而他自己也已到了人生暮年，该考虑辞世后的安排了。

他膝下有两子，都风华正年，一样的聪明，一样的踏实能干。几乎所有的人，包括他自己，都认为应该把财产一分为二，平分给两个儿子。但在最后一刻，他改变了主意。

他把两个儿子叫到床前，从枕头底下拿出一把钥匙，抬起头看着他们，缓慢而清楚地说："我一生所赚得的财富，都锁在这把钥匙能打开的箱子里。可是现在，我只能把这把钥匙传给你们兄弟中的一人。"

兄弟俩惊讶地看着父亲，几乎异口同声地问："为什么？这太残忍了！"

"是，是有些残忍。"父亲停顿了一下，加重语气道："但也是一种善良。现在，你们自己选择吧。选择这把钥匙的人，必须承担起家庭的责任，按照我的意愿和方式，去经营和管理这些财富。拒绝这把钥匙的人，不必承担任何责任，生命完全属于你自己，你可以按照自己的意愿和方式，去赚取我箱子以外的财富。"

兄弟俩听完，内心开始斗争。接过这把钥匙，可以保证一生没有苦难，没有风险，但也因此而被束缚，失去自由。拒绝它？毕竟箱子里的财富是有限的，外面的世界更精彩，但是那样的人生充满不测，前途未卜，万一……

父亲早已猜出兄弟俩的心思，他微微一笑，说："不错，每种选择都不完美。有快乐，也有痛苦，但这就是人生。你不可能把快乐集中，把痛苦消散。最重要的是你要了解自己，你想要什么？要过程，还是结局？"

兄弟俩豁然开朗。哥哥说：我要这把钥匙。弟弟说：我要出去闯荡。二人权衡利弊，最终各取所需。这样的结局，与父亲先前的预料不谋而合。

如今，二十年过去了。兄弟俩经历、境遇迥然不同。哥哥生活舒适安逸，把家业管理得井井有条，性格也变得越来越温和儒雅，特别是到了人生暮年，与去世的父亲越来越像，只是少了些锐利和坚忍。弟弟生活艰辛动荡，几经起伏受尽磨难，性格也变得刚毅果断。与二十年前相比，相差很大，几乎没多大关系了。最苦最难的时候，他也曾后悔过、怨恨过，但是已经选择了，没有退路，只能一往直前、坚定不移地往前走。经历了人生的起伏跌宕，最终创下了一份属于自己的事业。这个时候，他才真正理解了父亲，并深深地感谢父亲。

第一次听到这个故事，我只有18岁。那时我刚考上省城大学，即将离家远行。父亲给我讲了这个故事。那时的我还不能理解父亲的良苦用心。现在，又一个18年过去了，几多风雨，几经坎坷，我终于真正理解了这故事的寓意。

人生充满了选择。每一种选择都携带着快乐和痛苦。快乐是一种营养，痛苦是比快乐更丰盛的营养，它们共同滋补人生，让生命迸发出无限活力和蓬勃生机。回忆过去，我深深地感谢父亲，感谢他给了我生命，和生命中最珍贵的礼物——自由，让我拥有自己人生的钥匙。

生命与生命之间有大不同。有些光彩夺目，有些灰暗迷茫。有些平稳踏实，有些艰辛坎坷。无论何种，都是在努力找寻自我的人生路。无论如何选择，都无须后悔。

改变
自己

一天，妻子凯伦对我说："我准备去见一个婚姻顾问，我认为你应该来。"我默默接受了她的建议。3天后，我们坐在了一位婚姻顾问的办公室，看起来就像两个拳击手坐在相对的角落里。"这个家伙是谁？他能教我什么？"我心里充满了怀疑。然而在和他交谈了一会儿之后，我发现自己放松了，并且认为，他真的能帮助凯伦。

难怪妻子拉我来进行辅导。当时，我已经陷入认为如果我的妻子更理解我，我们的婚姻就会好转的牢笼。但我怎么样呢？的确，我花在工作上的时间太多了。偶尔回家，我也在准备我的下一次演讲，疲于考虑这样那样的事。"我正在努力为你和孩子创造一个好的生活。"我总是这样对凯伦说。但这是一个令人疲乏的老套的搪塞。我的工作不是为了谋生，而是为了创造一个美好的人生。但美好的人生不仅仅指事业的成功。为了我的家庭，我必须改变我的做事方法。正如《圣经》上说过的，与其介意别人眼中的斑点，不如去除我们自己眼中的光束。

我怎样才能改变"我"是所有问题中最棘手的问题。但改变"我"的最重要的一步是愿意改变"我"的想法，并且，考虑别人首先要考虑的是承担自己的责任。面对所有的问题，我们可以这样对自己说：这是最重要的，比起改变别人，我更愿意改变自己。那天，从婚姻顾问的办公室出来，我暗暗对自己说："今后我要平静地接受我不能改变的人们，并且，我要勇于改变一个人，这个人就是我。"

人生的
蝴蝶效应

20世纪60年代初，美国著名气象学家爱德华·罗伦兹，在两次计算气象仿真的数据时，因为第二次输入的数据差了0.000127，竟然意外得到一个完全不一样的结果，因而提交一篇论文，名叫《一只蝴蝶拍一下翅膀，会不会在德州引起龙卷风？》，将系统中因为初期条件的细微差距引起的巨大变化，称为"蝴蝶效应"。它是指一件事情因为初期微小的差异，就会引起后续的连锁反应，造成令人始料未及的结果。

生命亦是如此。我的成长过程，就是一场不可思议的蝴蝶效应。期间所遇到的每一个人、发生的每一件事、每一次的成功、每一次的失败、每一次的痛苦、每一次的快乐，交织成其独特的自我，及今日成功的结果。

人生不管好事、坏事，都会产生连锁效应。同样是连锁效应，却有不一样的结果。这是因为彼此的目标不同，有明确的目标，就会产生强烈的动机，因为有好的目标，就会往好的道路前行；有坏的目标，就会往坏的目标靠近。

你想要有什么样的人生呢？好的？坏的？你觉得什么样的人

生，才是精彩的人生？大部分的人都不敢去想，不敢去为自己设定目标，只是随波逐流。而美好的人生，因为你从来没有想过，也就根本不会发生。

只有不可思议的目标，才会带来不可思议的结果。你想要美好的人生，你就要对美好的人生有强烈的渴望！

我要感谢过去所发生的一切事情，感谢父亲对我的高标准要求，感谢我高中读了9年，感谢所有拒绝过我的人，感谢我曾经得了忧郁症，感谢要我上台领黑旗的人，感谢问我"为什么你不是世界第一名"的人……我感谢曾经发生在我身上所有不好的事情，因为有过去的不好，所以才有我今日的好。

朋友们，你现在所经历的困难，也都是为了成就明天的美好。如果你生命中有3件让你痛彻心脾的失败，你应该感谢，因为它将打造一个不可思议的你。

如果你认识的是32岁的梁凯恩，你会用直觉告诉自己：他是天生的演说家。舞台聚光灯的焦点，让他举手投足都充满自信与魅力；而他的魅力，却让你感悟到财富的能量如此强大。

但如果你认识的是十七八岁的梁凯恩，你就会大失所望，一个忧郁症患者、成天将自己关闭在房间里的少年，让你在他身上找不到任何成功者的特质。

然而，他的确成功了。

在那人生低谷的年代，梁凯恩开始对自己内心的痛苦感到厌恶。他对着镜子里消极而绝望的自己怒吼道："我受够了！"

我受够了！再这样下去，我真的会一事无成、一无所有。

我受够了！原来应该神采飞扬的青春少年，现在却活得像一潭死水。

我受够了！如果这世界无法回答我的问题，那么我就自己去找答案。

梁凯恩的改变就来自4个字——我受够了。他开始走出自我封闭的房间，接触营销和教育训练，接触许多世界级大师。短短几年间，他的人生从一无所有，到拥有一切。

当你拥有潜意识这把开启成功之门的金钥匙，并积极向世界第一学习，你就会拓展一个全新的、广阔的世界，与成功的距离就会越来越近。

然而，下一步你要往哪走呢？

你对成功的定义，就是你为人生设立的目标。同时要累积足够的渴望，因为渴望是能力的助推器，最后才是有计划的执行。

这是凯恩将在这一篇中与每位读者分享的成功三部曲：目标、计划、执行。凯恩也将分享十多年来，观察他人与自己的经验所得到的成功秘诀、渴望、人脉和十大关键。如果你也希望成功，如果你也希望拥有凯恩昨日、今日的改变，你不能只是努力，而必须有充分的准备。

当你准备好了，成功就会找上门来。

生活处处
是考场

在广州汽车站，一个二十多岁的乡下妹子，背着一个用化肥袋改做的行李袋，手提一只破包，目光焦灼地四处张望着，看她脸上的表情，就知道她肯定遇上了什么烦心事。车站上碰见她目光的人，都赶紧躲开。

"您好……"果然，她开始主动与人搭腔，可是不等她把话说完，人家就赶紧冲她摇头并快速走开。她有点失望却不灰心，继续在候车室里一个通道一个通道地踱过去，目光依然在旅人们的脸上逡巡，好多人都用报纸挡住脸或头一歪闭上眼装睡。她很奇怪：难道自己像个骗子？

这时，她踱到了广州至东莞的候车通道。她看见一个学生模样的小伙子离开售票窗口，一边朝长排坐椅走去，一边很小心地把车票装进衣兜里，还用手摁了摁。小伙子坐下来，椅子上有一份别人丢下的晚报，他有点喜出望外地翻阅起来。一条新闻让他看得很入迷，以至乡下妹子来到他面前站了好一会儿，他还不知道。她不得不打断他，怯怯地问道："您好！对不起，帮帮我好吗？"

小伙子放下报纸，望望左右，一副懵懂的样子，"你要我帮什么呢？"

她说："我要去找我的姐妹，可我身上一分钱都没有了。你能帮忙给我买张车票吗？"

他听后，脸"刷"的一下红了，摇摇头；片刻，又点点头，随即从身上摸出一张钞票："我……我只剩下十块钱了，够不够？我刚买了车票，在广州找不到工作，想换个地方。我是职业中专毕业，文凭太低了。"他很窘迫地揉着那张钞票，倒好像是他在向别人借钱。

"谢谢你的好心。"她很失望地离开了他。

忽然，他好像一下子想起了什么，冲她喊了一声："你准备去哪儿？"乡下妹子回头望了他一眼，说："东莞。"他听了马上兴奋起来，从身上摸出刚买的那张车票，稍微犹豫了一下，还是走过去，把车票递到她手里："去找你的姐妹吧，祝你好运！"

她微微笑了一下，接过车票后，问："那你怎么办？"他想了想，说："就这十块钱，坐到哪儿是哪儿，我就在到站的地方下车找工作，没准还能找到一份意想不到的好工作呢！"

她不要车票，还给他，他又塞进她手里。

她说："这怎么行呀？"他答："怎么不行？谁让我是个男的你是个女的呢！"这是他为自己的行为找到的唯一理由，他一连说了好几遍。她再三推辞，他忽然生气地走了，全然不理身后的她。

十块钱只坐了两站路，很快就到了。车停下来后，他下了车。走出车站，望着人流如织、车辆穿梭的广场，他茫然不知身在何处，又该往何处。正惆怅间，他隐隐觉得身后站着一个人，一回头，竟是她！

她冲他粲然一笑，问："后悔了？"

他摇摇头。

她叫来一辆出租车，打开车门，冲他做出"请"的姿势。

他惊讶地望着她。

他真的得到了一份好工作，一份意想不到的好工作，因为她是一家公司老板的女儿。她在广州汽车站的举动其实是一次化装招聘，目的是想替父亲寻找一些在商业社会中未被污染的人来充实公司的中层管理队伍。可是这样的人实在太少了，她在车站转了几天才碰到他。尽管如此，她仍然感到耳目一新，仿佛一股清泉注入心田。

一张车票，改变了一个中专生的人生。很多人都认为这是一种偶然，其实，这种偶然中绝对蕴藏着必然。

不是有那么多人都在这场考试中败下阵来吗？生活中处处是考场，只有那些心地善良、品德高尚的人，才能拿到高分！

人生
如璞

他是一个男孩，出身于雕塑世家，但不幸家道中落，到了衣不蔽体、食不果腹的境地。

不得已，他出去打工以谋生路。他去当地一个公爵家里当仆人，在厨房里干粗活儿。有一天，这个贵族要大摆晚宴，他邀请了一些社会名流。但在开宴之前，管家发现摆在大餐桌上的甜点装饰品被弄坏了，这下可急坏了管家。在万分紧急的关头，这个打工的男孩对管家说请让他试一试。他可以在很短的时间内弄一个饰品替代物。没有办法，管家将信将疑，只好先让他试试再说。男孩以极其娴熟的手法把一大团黄油塑成了一尊惟妙惟肖、威武雄壮的狮子。管家简直不敢相信这是一个孩子的作品，便兴高采烈地把这尊黄油狮子端上了餐桌。

结果，这尊狮子成为赴宴的王公贵族的主要话题。本是大谈美食的宴会变成了黄油狮子的鉴赏会。当有人问是哪个大雕塑家的杰作时，管家向人们介绍了给他大解燃眉之急的男孩。当大家得知这个精美绝伦的作品是个穷小孩在仓促间完成的时，个个大为惊叹！他们纷纷称赞孩子的才华，而主人也觉得这个仆人给他挣足了面子，于是当众宣布，将出资让这个孩子进行深造，让他的天赋得到更大的发挥。

主人没有食言，这个小孩也没有被这个幸运冲昏头脑，他以一颗纯朴、勤奋的心认真学艺。他明白，这是他人生中的一大转折，如果不潜心学习、努力，将一事无成。

最终，他成为世界上最伟大的雕塑家之一，他就是卡诺瓦。

卡诺瓦的经历昭示我们：人生如璞，只有一技在身，精雕细琢，并不失时机地展示自己，才能铸就辉煌的成功。

痛苦
是一种财富

在澳洲学习期间，校方经常安排政府的高级官员和国家级的工业巨子、银行家进行交流讲座，有一些肺腑之言常常在我的脑海中回荡，有的甚至影响了我的工作方式与思维方式，合并在一起就使我的观察问题与处理问题的综合能力有很大的提高。

一个周末，校方请来了一位老人名叫杰米，他衣着很朴素，始终都带着一种耐人寻味的微笑。杰米告诉我们："三十年前，我是一个破产的电动机厂经理，太太领着儿子在法院通知我上法庭听候破产判决的那天与我离婚了……"

杰米讲了一个他个人情感失败的故事："但是我并没有被这种失败的打击击倒，我破产之后没了房子，没了汽车，没了女人、孩子，没有了维持我正常生存的一切，为此我非常痛苦。因为昨天银行还向我微笑，今天就从我手上冷冰冰地拿走了房子；昨天还向我微笑的员工，今天就都拿了破产保证金走了。昨天还是我的汽车，今天就上了拍卖会。"杰米尽管还保持着微笑，但言语间已流露出了极度伤感和无奈，眼睛里滚动着泪珠。也许这是气质是修养，也许是深沉："昨天还和我一块同床共枕的女人，今天就带着儿子、女儿睡进了别人的怀里，今天我就要光棍一人去重新找一个能睡觉的地方！"

杰米起初不肯低就，最后还是睡在地铁的车站入口旁，从此在悉尼市又多了一位只能坐着"睡"在地铁入口处的男人。

杰米终于用手绢擦了一下泪水："面对这些现实，我选择了一条路，捡破烂生存！每天背一大袋的可乐空瓶去卖，并且每天都要总结我一天的成功之处，分析我这天的失败之处，久而久之就养成了一个很好的工作模式，而且一直保持到了今天！"

今天的杰米是何许人呢？

他是澳洲首富之一的工业巨子，JAAT集团公司的一号人物。令人惊奇的是，他起步所用的资金就是由他捡破烂换回的，而且是从2700澳元发展起来的，今天已是约有58亿个人存款的富翁："回顾我的成功，若没有那一次的破产打击，我是绝不会意识到一些决定我成功的因素，例如怎样面对打击和痛苦？怎样用痛苦与失败激励我明确奋斗的目标？怎样看待每一分钱？怎么样很好、很有效地利用好每一分钱，我需要弥补什么等等！"

杰米讲了一句他的名言："痛苦与失败是我的财富，尽管我不希望经常拥有这笔财富，但我要永远利用这笔曾属于我的财富，为我去创造更多的经济资源！"

杰米是一个聪明的人，他是将痛苦转换成为动力，将不幸牢牢记在心中随时随地暗示自己去干好工作，那天我想起了列宁讲过的一句名言："忘记过去，那就意味着背叛！"这是两个不同阶级的人物讲的话，但其中有一个很明显的共同点，那就是要珍惜自己灵魂深处的激励因素，同时还要每时每刻地运用这个因素去规范自己和鞭策自己，使自己不再犯同样的错误，不再步入失败与痛苦的环境。

澳洲的教育体制是很好的，为了让学生能更深刻地掌握住这堂讲座的主旨，校方在讲座临近结束时，宣布了这么一个题目：

"我曾经拥有的痛苦为我带来了什么财富？"

美国学生第一个站起来，不假思索地回答这个问题："我在16岁时就做了人工流产手术，很痛苦，为此我采用了防范措施，所以后来就没有再发生类似的痛苦，我认为是肉体上的痛苦教训了我，所以我后来聪明了，防范就是聪明的表现！"

我果真听见了一部分人的掌声。

"我是韩国人！"有一名韩国学生发言："有一次我在中国北京旅游，见一块很漂亮的丝巾卖200美元，我问营业员100美元卖不卖，当时只是随口说说而已，可营业员就同我商量，我一动脑筋就说不买了，没有走出几步营业员就追上来，劝我买他的丝巾，最后用20美元我买了一条我认为值200美元的东西。这是我把痛苦转移了。不知道中国营业员是不是意识到了他的'财富'（经济损失）是怎么来的，后来我把这一点告诉了所有要去中国的朋友。我认为我把痛苦转移之后仍然能获得经济财富，更是一种财富！"

我不知道听众鼓了几分钟的掌。但我足足瞪了那位韩国学生5分钟。我真恨不得剥了他的皮，可后来一想，国内也的确大量存在这种商业规则，怪谁呢？我向校方的主持人提议："我们的讨论与杰米先生的演讲有偏差，并且有明显的种族歧视，建议暂缓这种讨论！"

从理论上而言，韩国同学讲的是事实，但我不能容忍这种方式与表达，我知道尽快制止这种误导，也许会得罪杰米先生，但我顾不了这么多，面对这种场景，杰米很大度地向我鼓掌："崔先生，我从你身上看到了爱国之心，我很希望在我的公司里有这么一批人。因为爱国才知爱企业。"

"杰米，如果说痛苦就是财富，那么刚才的自尊心受到的伤害，也可以看成是一笔飞来的'民族自强的动力财富'了？"我不想让我的激动影响了这节讲座的气氛，但出于本能，我还是克制不了自己的激动，因为不能保护好自己国家的名誉，怎么能很好地维护自己的个人利益？所以我补充说："我想在不久的将来，这位韩国同学的观点是会改变的。因为中国正在向正规化、制度化迈进。中国的商家会严格遵循商业规则的，这是一个民族体现自身素质的基本条件。当然，如果你能提出更多更好的建议，我想你是在帮助中国人从痛苦走向幸福，中国的商人和管理者是不会忘记你的！"我像是一位政府官员。

那次讲座之后，我有好几天都在沉思中度过。记得有位哲人说："当你拥有一切的时候，你也就失去了一切！"的确，假如我们一些不法商人暂时拥有了一点"小财富"的时候，这些小商小贩们也就失去了做人的基本条件。因为做事始于做人，不是吗？

在悉尼大学的讲演厅里，我曾同一位州立银行的董事长见过一面，当时这位澳洲的金融巨子曾坦诚地教了我一段今后发展、发财的"真经"，他说："当一个人要想学到管理的技巧时，你必须要敢失去天生的、原始的小聪明，而且是要从内心舍得失去这些会影响一个人日后学会做人、学会用人的天然阻碍观念……"

北悉尼依山傍水、水天一色，风景极为迷人。在那里居住的都是澳洲的大富豪，家家的别墅前都是可以停游船的天然码头。从游船到住宅地都是用空中缆车连接着；家用游泳池是必需品，多安置在后院。北悉尼的西侧有一私人停机场，有上百架私人小飞机，大大小小地放在场内。仅这些飞机上的任何一件小螺钉都比一个工人的周工资还要多，可见这些富人的富有程度。

由于所学专业独特，我们经常在北悉尼同巨富们交谈。若倾听他们成功的经历，没有人会隐去自己那最痛苦的创业岁月，就连他们要求孩子都有一点——家产的数目可以忘记，但祖辈、父辈的创业经历绝不能忘记。令我最难忘的一桩小事是应邀去杰米家做客的情景。杰米的小孙子很可爱、很天真，接人待物如同成人一样，但衣物上却有几件补丁，我们问孩子，"为什么要穿这样的衣服？”

"这些衣服是爷爷给的，我没有挣钱，我要穿好衣服就得到爷爷的工厂去干活，挣钱才能穿新的。"孩子不假思索的讲话却重重地冲击了我的思维。

杰米告诉我，北悉尼的人都有一条不成文的规则，"孩子的衣服可以很旧，但绝不能脏；孩子的衣服可以很旧，但不能破"，而且很多人定期让自己的子女去自己的工厂干最脏、最累、最苦、最重的活，拿最低最低的报酬。这些富豪经常在酒吧聚会，让每家的孩子上台比赛演讲，比赛钢琴，比赛负重跑，把人生的苦难和遭遇尽可能地让孩子体味一番，让孩子自己选择自己的发展之途。

就是在这种环境与意识的教育下，很多富家子弟在上中学的时候就确定了自己的发展目标与奋斗方向，而且早早地做好了脱胎换骨的思想准备；就是在这种环境与意识的教导下，80%的子女已在美国、加拿大、德国、南非创办了企业，开辟了自己的天地。值得一提的是，他们将把自己成功的方式向下一代传递下去。

我告诉杰米："痛苦并不是每一个人的财富，它只是那些自强不息者的财富。痛苦对那些感情脆弱的人，是一种致命的打击，否则在悉尼街头就不会出现体力强壮的醉酒者，就不会出现只吃救济金而不劳动的贪生者……"

"绕道" 的智慧

　　21岁那年，乔布斯和朋友一起在自家车库创下了一家电脑公司。这家"车库"公司在乔布斯的带领下，数年征战，逐渐成长为日后大名鼎鼎的"苹果"帝国。"苹果"帝国在风云跌宕的计算机商战中，凭借独特的技术优势和商业营销模式快速推进版图扩张战争，所到之处，几乎无坚不摧，"苹果"帝国的版图很快就遍布全球各大洲各大洋，成为名副其实的"日不落帝国"。

　　就在乔布斯踌躇满志欲称雄全球时，他的扩张战争推进到了波罗的海沿岸。为了拿下这块版图，他不惜撒下大把大把的银子，结果那些银子在波罗的海水面只留下一个个嘲弄他的漩涡。原来那里的敌人经营日久，异常强大。一向顺风顺水的他面对这么一块难啃的骨头，顿时产生了强烈的挫败感。于是他一次次带领自己的智囊团讨论对策，结果无一例外，一群高级智囊硬是束手无策。但他心有不甘，把自己关在屋子里，整天盯着他的帝国版图冥思苦想。为此，乔布斯整个人消瘦了一大圈。

　　那天，乔布斯正盯着版图发呆，5岁的女儿进来了。女儿看他发呆的样子，便好奇地问他："爸爸，看什么发呆呢？"女儿是他的掌上明珠，是他的开心果。看着女儿天真可爱的眼神，他忍不住将自己的苦恼抛弃一旁，任由快乐的因子蔓延。他突然童心大发，想要逗逗女儿，便指着波罗的海沿岸随口问道："宝贝，你看，知道如何把这块版图变小吗？"

让乔布斯没有料到的是，女儿径直接过他手中的笔，在版图上边画边说："你看，我在周围画一个更大的版图，是不是觉得原来的图变小了？"女儿说完，朝他调皮地笑着，他却惊呆了。他发现自己凝滞的思维在那一瞬间，犹如被一道惊雷炸开了一丝亮光，他找到了破解之策——绕过波罗的海，在它的周围开拓更大的版图。后来证明他当时灵光一现的战略是对的，他的帝国赢得了空前的胜利。

以上是乔布斯在自传中讲的一个故事。乔布斯所遭遇的看似不可逾越的战略问题，竟被他的小女儿轻轻松松地"绕"了过去。乔布斯也从中悟出了一个道理：做事固然需要一份坚持与执着，但绝不可认死理，钻牛角尖。学会绕道或者适当放弃，既是一种商战谋略，更是一种人生智慧。

享受人生的
过程

一个年轻人虽然有正当职业，但他面对都市里纷纷乱乱的物欲生活，感觉自己的生活枯燥无味，心里一直闷闷不乐。这天，他去找一位据说有法术的高僧释疑解惑。

他向高僧施礼后，说出了自己的心愿："我想摆脱这种枯燥的生活，请您帮我很快实现这个愿望。"

高僧："好吧，先谈谈你的理想。"

年轻人："拥有一个很大的公司，招收上千名职员为我工作。"

高僧："然后呢？"

年轻人："赚很多很多的钱。"

高僧："然后呢？"

年轻人："依山傍水盖一座世上最豪华的别墅。"

高僧："好吧，一切你想要的都可以得到。你得到了一切你想要的，你希望每天怎样过呢？"年轻人面对这个问题，一时不知怎样作答，沉默了。高僧说："你可以回去了，想明白的时候再来找我。"

两天以后，年轻人兴冲冲地跑来，累得气喘吁吁，来不及施礼，便心急如焚地向高僧回答了两天前的问题："我希望实现理想后，每天无忧无虑地在我家门前清澈的小河里游泳，因为我太喜欢游泳了，只要能让我每天游泳，我就能感到快乐。而且，而且……"年轻人脸上泛起了羞涩暧昧的笑，"那儿有好多好多身材好看的女人可以看，还可以……"

"只是想在那儿游泳吗？"

"是。"

"每天？"

"是。"

"不反悔？"

"是。"

话音刚落，他发现周围一切都变了，皮肤冰凉冰凉，有一些水草在身下缓缓摇摆，有一些鱼在他面前很傲慢地游过。原来，他自己也变成了鱼。岸边，果然有一群天仙似的少女在洗澡。他游啊游，游啊游，慢慢地，慢慢地，他忘掉了悲伤，忘掉了身世……

一百年以后，一个在岸边思考人生的人突然发现一个很奇怪的现象：一条小鱼正逆水而行，它奋力挣扎的姿态很可怜。见到有人在关注它，它就向他游过来。开口说话："您好，请问这儿离黄河还有多远？"

"黄河？"那人惊叫，"至少还有一百里。"

小鱼叹了口气，很郁闷地继续向前游，那人问小鱼："你为什么要逆水而行？你要去黄河干什么？"

　　小鱼回答："我之所以这样，是因为我做了一百年的鱼，每天这样在水里游来游去，实在枯燥。我想你们人间多美好啊，生活绚丽多姿。我就去拜访一个老和尚，和尚说：'你要想做人，必须得自己奋斗。从现在开始，你就要努力向黄河的源头进发，如果你能游进黄河，你可以做一个没有正当职业的人；如果你能游到黄河的源头，你可以做一个有正当职业的人。'我想，人必须有了正当职业才不会枯燥，所以我一定要游到黄河的源头。"

　　那人摇了摇头，长叹道："子非人，焉知人世。和你一样，人都在试图摆脱枯燥的现状，去寻找所谓幸福的源头，追求所谓生活的结果。岂料，惟一不枯燥的是努力从一个枯燥到另一个枯燥的过程本身。"

不要将醋倒进水杯

上高中那会，我十六七岁，因为成绩不好，考上了全市最差的六中。班里的学生大多和我一样，在学校老师头疼，在家家长烦心，反正我也从来没有指望可以考上大学。班里有几个流里流气的插班生，平时我就屁颠屁颠地跟在他们后面，一起逃课，进游戏厅，还学会了抽烟喝酒。

暑假里的一天晚上，我照例在外面玩了一天一夜才回家，看见父母在门口乘凉。带着一身酒气，我叼着烟就往屋里钻。父亲一只拖鞋就砸了过去，正砸在我的背上。我恼怒地跳了起来，他也生气地站了起来，挡在了门口，"这都成什么样子了！简直像个二流子？不想回家就别进门了，给我滚到外面去！"

"滚就滚"，我掉头就走，叼着我的烟，把愤怒的父亲和他对我的教训抛在了脑后。走到了大街上，发现肚子有点饿，才意识到晚饭还没吃呢。看见一家饭馆正要打烊，门口蹲着个厨师模样的老头，正在水龙头下洗盘洗碗。我赶紧走到店里要了碗牛肉粉丝煲，津津有味地吃了起来，吃完后满意地打了个饱嗝，才发现那老头格外用力地洗一只茶杯，觉得有趣就饶有兴趣地问，

"老头，杯子和你有仇啊，再擦当心擦爆。"

老头头也没抬，一边继续手里的活，一边自言自语地说："新招的伙计咋这么笨，倒茶的杯子，拿去装醋，唉。"老头站了起来，看了看我，用毛巾把杯子里外擦了一遍，放在鼻子下闻了闻，叹了口气，"废了。"

"装错一次就不行了？"我好奇地问。

老头没说话，弯下腰给我倒了杯水："喝吧。"我端起杯子就喝，一股子酸味。老头剧烈地咳嗽起来，缓了好一阵，才抬头冲着我苦笑了一下："酸吧，年轻时候，跟人学新鲜，抽烟喝酒，落下了这咳嗽的毛病。"

我蹲在原地，呆呆地看着老头进了店，才缓过神来，低下头来想老头的话，脑子里似乎清醒了很多：年轻时不学无术，染上了坏毛病，哪怕只有一次，都将影响他的一生呀。我立马站起来狠狠给自己一巴掌，起身就往回走，经过琴湖桥时将身上的烟丢进了琴湖河，希望所有的一切都这样被河水冲走。

如今，我已经大学本科毕业，在一家外企工作，无论何时何地，我都提醒自己不要将醋倒进水杯。

02

给心灵放个假

快乐
心情

夜静更深时，问一问自己：快乐吗？

尘埃落定时，问一问自己：快乐吗？

在这个八面诱惑的人世，快乐恐怕是烦扰人们的一个绝非快乐的问题。

有钱，该快乐吧？对于诚实的人，钱与辛苦劳作、集腋成裘为伴，好逸恶劳挣不来钱，浅尝辄止挣不来大钱。然而"钱无定数，欲难止境"，上帝也难以回答：挣多少钱算个够呢？！追逐金钱之途，人们如同中了魔法，"气喘吁吁地寻求快乐，结果却急匆匆地与快乐交错而过"。至于贪赃枉法、为非作歹攫取的金钱，惊惶难安、坐卧不宁，更遑论快乐。

仕途风光、大权在握，该快乐吧？也不尽然。官身不自由，劳碌奔波苦；想以手中权力为老百姓办实事的公仆清官们，更得"先天下之忧而忧，后天下之乐而乐"。至于庸碌之官，为钻营投机、觊觎权势，更少不得阿谀逢迎、见风使舵，谈何快乐！

有闲暇、无劳作，日日佳肴美馔、夜夜艳舞笙歌的享乐，是否也快乐了呢？300年前，西哲塞缪尔·巴特勒就谆谆告诫：

"对于天性快乐者而言，享乐比辛劳和痛苦更不自在。"别以为食有鱼、行有车、居有豪宅、穿金戴银的人就快乐，或许恰恰相反。因为对于人，只有劳动和创造是产生一切力量、一切道德、一切幸福和快乐的源泉。

快乐是什么？快乐是一种心情。

古往今来，人们总爱说"自得其乐"，可见快乐是自己体会的，快乐心情是自己营造的，正如烦恼多是自寻、忧愁皆为心生一样。古人云："天下奇观看尽不如书卷好，世间滋味尝来无过菜根香"，这就把读书人的自足快乐的好心情抒发得淋漓尽致。

快乐在哪里？快乐在物我两忘。

相传有一个富商，生意做得很大，每日操心、算计，多有烦恼。紧挨他家高墙外面，住着一户穷苦人家，夫妻俩做豆腐为生，虽说清贫辛苦，却有说有笑，快快活活。富商太太心生嫉妒，说："唉，别看家里嵌银铺玉，我们还不如隔壁卖豆腐的穷夫妻，他们虽说穷，可他们的快乐值千金！"富商听太太这样讲，便说："那有什么难，驱赶快乐如同轰赶一只麻雀，我叫他们明天就笑不出来。"言罢，一抬手将一大锭金元宝，从墙头扔了过去。次日清早，穷苦夫妻发现地上躺着一只金元宝，心情大变：揣测这钱的来路，又琢磨能否再弄到更多的钱：商量来、商量去，夫妻俩说发财了，不想再磨豆腐了，干点什么好呢？一日暴富，又担心被左邻右舍误以为偷窃了钱财。如此这般，三天三夜，茶饭不思，寝席不宁，自此再也听不到他们的歌声和欢笑了。一墙相隔的富商对他的太太说："你看，他们不说了，不笑了，不再唱歌，也不再干活——当初我们不也是这样开始忧愁的吗？事情就这么简单。"

由此可见，剥夺人生快乐的与其说是刀兵相见，不如说是物欲软套；耗尽我们生命的与其说是重大的悲剧，不如说是琐碎的诱惑。人生一世，把我们弄得心灰意冷、精疲力竭的不是明火执仗的敌人，往往是名缰利索死死纠缠的我们自己啊！

哲人说：人最难的便是过哪座桥烧哪座桥。

夜静更深时，问一问自己：快乐吗？

尘埃落定时，问一问自己：快乐吗？

任随时代喧嚣也好，浮华也好，任随人世引诱也好，蛊惑也好，快乐的人大约只有一件事情可做：那便是在没有桥的岸边赤脚下水，踏过河去；即使舟桥俱在，你也快乐地向它们挥手说，我自己能过河！

走过
自己

上初中那会儿，班里有个女生长得很好看。她不仅天生丽质，而且舞文弄墨弹琴唱歌跳舞，样样有板有眼，学习成绩更是出类拔萃，人品亦佳。总之一句话：没得说！

班里年年搞联欢，我们不但不腻味，相反个个都盼星星盼月亮似的，期待着她用那娓娓动听的嗓音主持晚会。

记得在重庆度过的最后一次藏历新年的联欢会上，她颇具匠心地穿了一套蓝底碎花绸缎的藏裙，那头乌亮柔顺的秀发自然、轻松地散在腰际。那份飘逸、秀美，就如同藏族神话中从天翩翩而降的仙女。

那晚，大家一直玩得很开心。做"击鼓传花"的游戏时，突然花传到我手中，大伙儿一致鼓掌，要我来一曲。我平时极少说话，遇见这样的场面，更是不知所措，心只扑通、扑通地跳个不停，脸窘得绯红。其实我很喜欢唱歌，流行歌曲会得不少。然而我却不敢唱，生怕自己的形象倒大伙的胃口。火爆的气氛骤然间冷了，他们等着我唱歌，而我把头深深埋到课桌下，像拨浪鼓似的一个劲儿摇着，推说不会唱。最后，大概是同学们不耐烦了，有人重新打开录音机,强劲的音乐一下子回旋在屋里,气氛才又重新活跃起来。嘈杂声中,我茫然无措。当我抬起头,正碰上她的目光,那双黑亮的眸子闪动着异样的光彩,仿佛想要说些什么,我却赶忙把头低下了。

中考前的几个月,学校的空气里就像散布了一颗颗微型炸弹,处处充满火药味。即使如此,同学们之间还是忙里偷闲地互赠留言。

考前一周,一切进入白热化状态。一天,我瞥见桌上放了本精致的"赠言簿"。翻开知道是她的,继续翻了几页,突然我的名字跃入眼帘,上面还写了几行隽秀的小字,让我看后感动不已。

"张伟:沉默也算是一种友谊吧!我知道你喜欢文学,而文学也把你的心涤荡得美好而善良。沉默一定不是你的性格,知道吗?玫瑰艳丽却也带刺,小草平凡仍有出息。但愿你能——走过自己。珍重!"

泪潮湿了眼眶,模糊了视线,我仿佛看见了那双黑亮闪动的眼眸在朝我微笑。是呵!走过自己,一个连自己都无法越过的人,有谁还会用欣赏的眼光打量你?一个只沉迷在别人的美丽之中、不断否定自己的人,有谁还会将信任倾注在你身上!

毕业至今,学习生活上的不顺纷至沓来。当我企图怀疑自己的时候,总是想起她的话。低吟时犹如品杯淡淡的清茶,总能生出无限滋味。

我想,我正在走过我自己。

村里
有墨水了

　　表妹舒云曾和我同在抚州师专读书。她是个非常活泼的女孩，见人就笑，而且一张嘴闲不住。那时候她刚入学，同学老师对她都不熟，舒云便不住地跟人介绍说："我是抚州人，家住油顿舒家村。"又说："油顿舒家村你听说过吗？那村很有名，历史上出过刑部尚书舒化。"一般同学听了都摇头，说没听过。有几个教古代文学的老师听了，就说："舒云是油顿人呀，那地方我知道，明朝曾出过三个进士，不简单。"舒云听了，一脸喜悦，跟老师说："我们村是不简单，曾经学风鼎盛，是名的才子之乡。"

　　舒云不笑不说话时，坐在那儿便一脸呆相，有轰鸣的飞机在天上飞过，舒云便仰了头看，一脸痴迷。我见了，问舒云："你想什么呢？"舒云看看我，又看看远处，跟我说："你说，抚州以外的世界是不是更精彩？"

　　我点头，说："当然更精彩。"

　　舒云说："真想乘上飞机去看一看抚州以外的世界。"

　　我说："会有这么一天的。"

　　一年后我毕业了，舒云还在学校继续读书。毕业后我在一个朋友的帮助下，应聘到广州一家公司工作。这期间和舒云联系不多，偶尔通一两封信，各自说些工作和学习情况。有一阵子，甚至就没怎么联系。但两年后，我突然收到舒云一封挂号信，说她快毕业了，内地分配很难，她让我留意，说万一分不到好单位，也来广州应聘。我当即给表妹回了一封信，为了表示我的认真，也寄了挂号。我说尽管在广州找工作也难，但凭我这两年的关系，给她找份工作还是办得到的。

　　我想舒云接到信一定会很高兴。

　　大约一个月后，我有事回了一趟抚州，办好事后，我想我应该去看看表妹舒云。那时候已放暑假了，我想舒云已毕业，她肯定回油顿舒家村了。这样想着，我便买了车票，直接去了油顿。

　　但到油顿舒家村时，并没看见舒云。舅舅、舅母见了我非常高兴，说我几年没来，一定要留我住几天。我说舒云不在，我还有事跟她要说。舅舅听了，便说他去油顿跟舒云的同学打电话，让舒云赶来。我想想，觉得挺好，便住了下来。

　　第二天，舒云便急匆匆地赶了回来，与两年前相比，她好像高了，也漂亮了。她还是见人就笑，嘴闲不住。她说她总想到广州来找我。我说来呀，我随时欢迎。舒云却说现在不行，她还有事，等事完了，再来找我。我说我现在换了单位，我告诉你新地址吧，你来时按新地址找我。说着，我从身上掏出笔，又在小笔记本上撕了张纸，然后在纸上写地址。但钢笔居然写不出字，拧开一看，没墨水了。我让舒云把笔给我，舒云摸摸口袋，说走得匆忙，忘了带笔。随后，舒云又喊："爸爸有墨水么？"舅舅跑过来，一脸的不好意思，说他不识字，家里没有墨水。我说舒云你还是大学生哩，怎么家里一瓶墨水都没有。舒云说她的东西都在学校里，这里怎么会有。说着，舒云从我手里把钢笔拿过去，跟我说："我们家没有，别家有，我们去别家吸墨水吧。"

我跟着舒云往外走。

到了隔壁一户人家，舒云笑笑，开口说："你有墨水吗？"

回答说没有。

又到一户人家，舒云笑笑，开口说："你有墨水吗？"

这回，人家回答说："舒云，你是我们村唯一的大学生，你家里还没有墨水呀？"

舒云说："我忘了带来。"

人家说："我们哪里会有墨水。"

再到一户人家，舒云仍笑，开口说："你有墨水吗？"

人家仍然摇头。

舒云很固执，一定要讨到墨水，于是一户人家一户人家讨过去，见了人，便说："你有墨水吗？"

竟然都没墨水。舒云后来不笑了，一脸的呆相。我说不要讨墨水了。我告诉你地址，你记在心里。我接着说："我现在的地址是广州市××路××号。"舒云听了,却像没听见一样。我又说:"你听见了么,我的地址是广州市××路××号。"这回,舒云点了点头,但仍然心不在焉一脸呆相。

我回广州后便等着舒云来找我,但很久了,舒云也没来。我想是不是舒云不记得我的地址了?为此,我给舒云写了封信。把我的地址工工整整地写在纸上。我还在信上说:"你不是说想乘飞机看看抚州以外的世界吗?这一天到了,你来呀,一切费用由我出。"信发出后,我估计舒云很快会来,但我估计错了,舒云没来,一直没来。后来舒云给我回了一封信,说她不来了,就留在家乡工作。

随后,我跟舒云联系又少了,偶尔通一两封信,说些生活和工作情况。

两年后我又回了一趟抚州,并去了油顿舒家村的舅舅家。还没走近,我便看见村口一幢平房前飘着红旗,凭我的经验,乡村里飘着红旗的地方,一定是学校了。走近了,果然是学校。

这所学校就是舒云办的,她从教室里看见我走来,飞跑出来,惊喜地喊:"表哥来了。"

舒云还是老样子,见人就笑。这回,在她的学生前,她笑得特别开心。

我那时又在广州换了一个单位。走之前,我又要把新址写给舒云,让人不好意思的是,在纸上写字时,我的钢笔又不出水了。我一向粗心大意，钢笔老忘了装水。当时我问舒云，说："你有墨水吗？"

还没等舒云回答，舒云边上一个小女孩先回答了我。小女孩说："我有墨水。"

贫穷
也有快乐

日本喜剧泰斗、著名作家昭广的成长故事一直是日本的父母教育孩子的样本。在日本战后那段物质极度匮乏的日子里，这位老人的外婆用信念和智慧精心料理自己的生活，虽然身处困境，却依然用满腔的热情去搜索快乐和幸福，用真心去展露笑容。她不仅用自己勤劳的双手把生活打理得温暖而光亮，而且教会了外孙如何在困境中发现幸福和快乐，如何在挫折中保持坚强。

二战结束以后，因为生活的变故，年仅8岁的昭广被寄养在乡下的外婆家里。外婆家十分贫穷，昭广喜欢运动，外婆没有能力购买体育用品，就建议昭广练习跑步。因为跑步是不用花钱的。昭广后来竟然成了运动会的赛跑明星。

为了维持生活，外婆就在家门外的小河里横着放了一根木头，用以拦截上游漂浮过来的各种物品，穿破的衣物。不够新鲜的蔬菜，畸形的水果，树枝等等，外婆说这是她家的超市。每当上游漂下来很多东西的时候。看着这些"战利品"，昭广和外婆都会为这意外的收获而欢呼雀跃。树枝晾干就可以生火，长得不规则的萝卜切成小块儿以后味道与好萝卜一样，畸形的黄瓜切成丝以后味道与好黄瓜也没有两样。有时候什么也没有拦到，外婆会自言自语地说："今天超市休息吗？"有一件事情昭广一直很奇怪，外婆每天从外面回来的时候，腰里都系着一根长长的绳子，绳子后面拴着一块什么东西，每走一步就发出嘎啦嘎啦的声响。他奇怪地问外婆，为什么故意拴一个东西影响自己走路呢？外婆笑着告诉他，那是一块磁铁："光是走路什么事情也不做，多可惜，带着这块磁铁，你看，可以带回很多东西的，可以卖不少钱的。不拣起这些废弃的东西，老天是要惩罚的。"他看到外婆拿起磁铁，上面沾满了螺丝、钉子、铁条等，放进一个铁桶里——里面已经有了不少类似的东西了。

昭广小学时的成绩一直不好，每门功课总是考1分、2分、3分。每当昭广把成绩单拿回家的时候，外婆看着成绩单就会说："不错，加在一起不就是5分多了吗？人生就是总合力。"昭广与外婆一起生活了8年之久。在开朗、乐观的外婆那里，昭广从她朴素而真挚的生活故事中学会了一个人如何面对艰苦和挫折，如何微笑着面对困境。

让人温暖的信任

为采访一个在原始森林失踪5天后生还的男孩，在福建省三明市出差的我雇了一辆摩托车，在暮色中紧急进山。驾车的师傅相貌凶恶，但为了抢新闻，我只好冒险坐他的车。坐在车后座上，我下意识地用双手紧紧捂住手提包，包里边有手机、相机，还有几千元现金，这可是我出门在外的全部家当啊！

异乡的盘山公路比我预想的更险峻荒凉，路的左边便是万丈深渊，只有车灯可以为我壮胆。我不停地提醒师傅："慢一点儿没关系，到时车费我给你多算一些。"骑摩托车的人则大声应道："不会出事的，我吃这碗饭已经6年了。"

"不会出事的！"这5个字在山谷间回荡。

山风呼啸，吹得我浑身直打冷战，我这才后悔刚才匆忙赶路，忘了从宾馆多带一件冬衣出来。

逆风中飞虫像沙子一样打在脸上，我无法睁开眼睛，并开始哆嗦起来。师傅似乎感觉到了，说要停下来脱件衣服给我穿。我赶紧谢绝，我怕他趁停车的工夫抢走我的东西，然后把我这个异乡客推进万丈深渊……

师傅似乎很听话，没停车。可山路仍一圈又一圈地盘旋，我开始怀疑是不是走错路了。刚提出疑问，他又大声吼着回应道："没错的，难道怕我杀了你？"

"杀了你"3个字又在山谷间毛骨悚然地回响着。

接着，骑车人又问："你冷吗？"我没有正面回答。可我仍然坚持说："不要停车。"

这时车速渐渐放慢，我看见他腾出一只手。我正感到纳闷时，他外衣的一边已脱了下来。天哪！他正在表演"飞车脱衣"……

然后，他责令我穿上他的衣服，就在这飞驶的摩托车上。

我哆哆嗦嗦地穿上他递给我的羽绒服，一种带有异味的温暖，让我莫名地想起一堆松枝点燃的火。

"为什么不抱住我的腰？"突然，他转过头来看我。我开始惭愧了，腾出双手抱住他的腰，一个貌似坏人的好心人的腰。

到了目的地，这位师傅又跑上跑下为我找当地老乡，为我当翻译……那么冷的天，他竟然满脸是汗。凌晨3点左右，他又把我安全送回我下榻的宾馆。当我脱下他的衣服还给他时，他有些腼腆地说："衣服很脏，让你不舒服了。"

听着他充满真诚的话，我实在不知道说什么好。虽说防人之心不可无，但回想一路上对他的不信任，我感到脸上一阵阵发烧。人在旅途，很多时候，会看错人，表错情。可能是因为自己身上带着一些所谓贵重的东西，而无端生出种种猜疑，也因此失去了另外一些更贵重的东西，比如，看不见眉目间善意的微笑，只盯着人家唇后的牙齿，且自乱心神。

　　而信任，才是让人感到弥足温暖、弥足珍贵的东西啊！

眼 泪

与几位朋友结伴爬山，临近中午，找了一家环境幽雅的山村小店品尝"农家宴"。小店老板是一个面相憨厚的中年汉子，他向我们推荐了一道最具山里特色的菜——"油炸蜂蛹"。

当服务员将那盘"油炸蜂蛹"端上来的时候，那些已被炸成金黄色、膨胀了的蜂蛹，散发出一缕缕诱人的香气。夹一个放入嘴里，味道果然不错，我们一个个赞叹不已，只是盘中蜂蛹数量太少，每人只品尝了几个，便露出了盘底。一位朋友开玩笑说："老板，你们这店也太黑了吧，九十多元一盘的蜂蛹就给这么一点点儿？"

对这样的玩笑话，老板好像习以为常，他赔着笑脸说："你们吃的是虎头蜂的蜂蛹，是山里最毒最凶的山蜂，是采蜂人冒着生命危险采来的。"

见我们半信半疑，老板又补充说："我怎么能骗你们呢？你们下山时，往前走不出3里路，会经过一个小村子，村里有个姓赵的果农，半月前采蜂蛹时给蜇死了。"

感觉他不像在编瞎话，于是我诧异地问："既然那么危险，他为什么还去采呢？"

老板便给我们细说原委。原来，那个被虎头蜂蜇死的果农以前采过蜂蛹，只是过去蜂蛹的价钱低，又容易被山蜂蜇伤，便洗手不干了。这两年，农家宴火起来，蜂蛹就成了紧俏货，他家果园收入一直不好，他只好重操旧业。他有两个女儿，大的在外面上大学，小的今年考上高中，为了供两个女儿上学，他每天起早贪黑地到山林里寻找蜂巢。

那一天傍晚，他在一个石洞口发现一个很大的虎头蜂巢，估计能采两三斤蜂蛹，他便点燃了随身带来的硫黄。一阵刺鼻的烟雾之后，那些栖在蜂巢上的虎头蜂纷纷跌落在地。当他兴奋地采摘下那个沉甸甸的蜂巢时，竟没有看见在石洞旁边一棵树枝上，还有一个略小些的蜂巢。栖在上面的二百多只虎头蜂"呼啦"一下飞起来，将他团团包围，他慌忙挥手扑打，但根本不是虎头蜂的对手。当人们在山上发现他的时候，他浑身肿胀，像一个吹了气的橡皮人，不治而亡。

听完这个悲惨的故事，我们食欲顿消。盘里剩下几个蜂蛹，再也没人动了。

下山的时候，我们从那个只有二三十户人家的小村旁经过。一位在报社工作的朋友提议，到那个果农家探望一下。

一个小女孩将我们带到那个果农家。只有果农的妻子一个人在，显然，她还没有从丧夫的悲痛中走出来。

当我们提起这件事的时候，她一边抹眼泪一边说："都怪俺啊……其实，当时女儿的学费已凑齐了……他想再给女儿添一个好的行李箱……都怪俺没有阻拦他……"

她终于忍不住大放悲声，我们的眼睛也湿润了。

临走时，一个朋友发现院子的一角堆着十几个干瘪的蜂巢，就像去了籽的向日葵盘，他低声跟我们商量，建议买下那些蜂巢，作为给她捐款的理由，于是，我们每人掏出100元钱。

她诧异地看着我们，不知所措。

我们撒谎说，蜂巢是代一个朋友收购的。最后，她有些迟疑地接过了钱。

离开这个不幸的女人，我们都变得沉默了。我隐隐感到，手中的那些蜂巢变得越来越重，上面好像浸满了泪水……

挺住
就好

姥爷那年16岁。

16岁的姥爷为人随和，人们有啥事总乐意叫上他。

那年过年前，三十多里外的刘庄有个大集，听说还有县剧团搭台唱戏，村里好些年轻人都赶去看热闹，姥爷也随人去了。回来时，姥爷跟四个哥哥辈的人说说笑笑地一起走。谁知走着走着，天就变脸了，先是刮起呜呜的北风，卷得尘土细沙飞扬，落叶碎草满天，人都没法睁眼。紧接着，云就像从天边赶来的羊群，忽地从挤挤拥拥到一下铺开，眼看着就到了头顶，铺满整个天，并且越积越厚，越压越低。又一阵更猛的刀子风吹来，先乒乒乓乓地砸了一地冰珠子。接着就散散落落地下起了雪，越下越大，越下越密。

年龄最大的二柱哆嗦着一声喊："雪怕是要下疯了，咱不能再走大道，太远，抄近道吧！"

大伙一声响应，想也没想，就抱着脑袋缩着脖子蹿上了山间小路。

山里的雪似乎小点儿，可谷里的风却特别厉害，劈头盖脸地吹，一阵紧似一阵，鬼哭狼嚎般响，刮得人都跌跌撞撞站不稳脚，吹在身上，更是刀割锥刺样疼。五个人没走多久就支持不住了。"不能再走了，快找个地方避避！"二柱大模大样地喊。"前面沟边有个小山洞，爹领我来过，咱到那去。"风里，三柱紧捂耳朵缩着脖闷闷地应了一声。大伙就跟着三柱往前蹿。

山洞寻到了，很浅，很窄，很矮，五个人进去就快挤满了。不过，洞里没风没雪，出奇的暖和，更让人惊喜不已的是，不知何人在里面放了一捆干树枝。小火一点，就别提有多美多舒坦了。风却刮得更紧，大团大团的雪像扯破了的棉絮一样直直往下掉，小道一下就被掩住了，看不清了。

"二柱哥，咱还是趁早走吧，不能歇，歇了怕就走不出去了。"一向不大爱说话的丫头站在洞口，看着满天风雪突然说。丫头当然是个小子，他爹老来得子，怕不好养，就给他取了个"贱名"。二柱一向看不起丫头，嫌他没爷们儿气，这回见丫头跟他唱反调，顿时很不高兴，马上拉下脸来："你要怕死，你就自个儿走吧。""二柱哥，天真不对，雪只怕越下越大……"丫头结结巴巴地说，急得都冒汗珠子了，"我看咱们还是赶紧走吧。"二柱手一甩，不让丫头往下说："要走你走，没人拦你，我们都不走。"这时，一直没吭声的姥爷开了口，他说："丫头哥说得对，咱是该走，而且要马上走才对。"显然，没人料到一向顺从的姥爷会说出这样的话，大伙顿时都静了、愣了。二柱却突然发起了牛脾气，说啥也不走了。

话都说到这份儿上，谁也不能再说啥了，就僵着。丫头终于一跺脚，扭头看看姥爷，拧身钻入呼啸的风雪中。姥爷看一眼那哥儿三个，说声"那我和丫头哥先走了"，毫不迟疑地也随着闯进厉风暴雪里。

两人顶风斗雪跌跌撞撞回到村，已是上灯时分，都冻成了冰人，腿打不得弯，话说不出来。

那夜，气温骤降，滴水成冰，奇冷奇冷。大风呼呼地一直没歇过，大雪一直刷刷地没停过，直到第二天晌午风雪才稍稍小了点儿。村里的人蹚着没大腿肚子的深雪，随着姥爷和丫头到山里找人。

山里的树上都压着厚厚的雪，小树都压趴了压没了，山崖上挂着粗粗的冰柱，沟里的溪水冻得结结实实，有的大石头都冻裂了，脚一蹬就碎。好不容易摸到那山洞前，洞口却给雪堵住了，扒开后只见洞里四壁上也全是冰霜，那点儿柴早烧光了，3个人抱在一起，都冻死了。

那回，姥爷在告诉我这个故事后，还特意加上了一句，他说，人哪，有时候就是一种选择哩，跟人咬咬牙往外闯，也许就挺过来了，活下去了；而顾顾情面，图一时安逸，缩一缩，就完蛋了。一辈子生活在东北山村的姥爷，是在88岁的高龄上去世的。

天冷
情暖

去年的深秋，我和朋友一起沿着川藏线进入藏区，奔赴四川阿坝藏族自治州的小金县，我们这次要攀登的是那座耸立在高原之上的四姑娘山。

我们坐飞机来到成都，然后搭上小金县的班车前往日隆镇。这是一段漫长而艰难的旅程，汽车需要在蜿蜒曲折的公路上盘旋一天的时间，越过那海拔4500多米的巴朗山脉，那里空气稀薄，冰雪覆盖，将有恶劣的高原环境等待着我们一车人。

汽车驶入巴朗山脉的时候，就开始有乘客感觉身体不适了，因为公路总是弯弯转转，搅翻了大家的胃，有人就开始呕吐。特别是我身旁坐着的那位头发灰白的老人，她身体似乎难受得厉害，以至于司机不得不停下车来让她休息一下。她却强忍着难受，请司机继续前行。于是，我们的汽车就继续前进了。

汽车驶到巴朗山山腰的时候，老人已经呼吸急促，头昏眼花，我知道这是高原反应发作，于是立即掏出红景天给她喝了一小瓶，她轻轻地对我说了一声谢谢，似乎已经连大声说话的力气都没有……

汽车继续前行，慢慢地向山顶进发，老人的呼吸越发急促起来，高原反应越来越大，我们不得不请司机停下车来。司机这次走过来一看她，就马上紧张地问道："您有哮喘病？"

老人点着头，已经不能说话了，司机慌忙拿来小液体氧气罐给她吸氧，她吸着氧气才慢慢平静下来。但是我们的路途还很遥远，山还很高，于是我们开始趁老人清醒的时候，劝她下车搭便车回去。因为一旦进入偏僻的藏区，如果身体过于不适，那将是很危险的事情。

但是老人强装微笑地说，没关系，我翻过这座山，我一定能挺过去的……

老人就这样昏睡着，与我们一道穿过了巴朗山，终于来到了日隆。到达日隆的时候，前来接待来客的小旅店老板拥了上来，请我们去住他们的家庭旅馆。当一位藏民妇人一看到老人时，居然惊叫起来，对她说，陈阿妈。你今年怎么又来了！

那位老太太疲惫的脸上浮起微笑，说，我来给儿子送件棉衣！我猛然惊诧，原来她的儿子在藏区啊。我们松了一口气，心里踏实了许多。而那位藏民妇人见到她，像是接到亲人一样，也不再招呼别的客人，而是搀着老人回去了。

我们选择了另一家家庭旅馆住下，准备明天的登山行动，我们这次准备征服四姑娘山中的幺姑娘山，那是一座我们一直渴望征服的大雪山。

第二天清晨，我们就背着装备骑着马向雪山进发，我们将穿越原始丛林，顺着沟子，经过海子，踏过小草原。我们期待着看到雪山底下一片片新落的白雪……

但是当我们来到雪山底下的时候，我们却看到了一个熟悉的身影，一个头发灰白的老人和一位牵马的妇人早已经来到山脚下了。

老人见到我们来了，脸上忽然浮起了笑容，她远远地问：是你们啊，你们是登山去吗？我回答说，是啊！我们要登山。

老人的眼角激动得渗出泪花，说，太好了，那请你帮我一个忙，你们给我儿子捎件棉衣好吗？

说着，老人从袋子里抽出一件厚实的棉衣来，递给我。我早已经目瞪口呆了，我完全没有明白过来——因为这雪山之上不可能还有别人在，看上去也不可能有人比我们早。

这时，那位藏民妇人拉着我来到一边，说，小伙子，你也帮忙劝劝这位陈阿妈。她的儿子4年前在这里登山遇难了，可是她忘不了自己的儿子，每年都从北京来这里送棉衣啊！

我猛然惊醒，想起曾经听说过的一件事情，在4年前的这个季节，曾经有一个登山队在攀登这座雪山时遭遇了雪崩，不幸的是几位年轻的队员遇难了，难道她就是其中一位遇难队员的母亲？

藏民妇人证实了我的猜想，她果然是其中的一位母亲。藏民妇人告诉我们，在她儿子去世之后，这位母亲每年的这个时候都会拖着年迈的身体，克服艰苦的高原反应，千里迢迢为儿子送来一件棉衣，这已经是第四年了。

我顿时被感动得热泪盈眶，我拉着队友开始围在老人身边，慢慢地劝慰她。我说，阿姨，您的儿子和我们一样都喜欢这项运动，即使留在这里也不会遗憾的，您以后就不要再送棉衣了……

那位老人的脸忽然抽搐起来，老泪纵横地指着大雪山对我说，是啊，他从小就喜欢登山，可这里是雪山，全是雪啊，雪山那么冷，他却永远回不来了……

她的句话便让我无语了。我知道我说再多的话也是无用的。因为这位母亲的爱与思念已经超越生死的界线，即使她知道儿子已经离开了这个世界，却仍然记挂他的冷暖，这是多么深切多么难舍的爱啊……

那天我们继续了登顶活动，爬上了幺姑娘山的山顶，那天我们爬得格外小心，爬得格外默契。

在登上山顶之后，我们将件厚厚的棉衣展开，覆盖在山顶白色的雪地上，我想那冰雪下沉睡的英雄，和那冰雪覆盖下的山脉，都应该能感觉到这人世间最最温暖的母爱吧！

有魔力
的信

记得那天是我11岁的生日，我从杰克萨瑞孤儿院跑了出去，在那条熟悉的小路上走着。天渐渐黑了，冷风吹疼我的脸，我一整天没有吃过东西了，我知道如果我回去，肯定又会挨打。他们常常欺负体弱多病的我，将我排斥在外。我不知不觉走到了中央公园，坐到了黑暗中一个木椅上。

"你好，小伙子。"突然，从我身后传来一个声音。我顿时被吓到了，回头看见一位老人正站在我的身后。

"你看起来很冷。来，把这个披肩披上。"她轻轻地将她的披肩取下披在了我的身上，我立刻觉得温暖起来。

"现在还冷吗？"

"好多了，谢谢。"

"你还需要别的帮助吗？"

"我想要一些食物。"

"好的，小伙子。现在，你把这封信拿去给店主看。"我看着她的手，却并没有发现有任何东西。"您的手上没有东西啊。"我感到奇怪。"我知道，来，从我的手上把这封信拿过去。"我缓缓地伸出手,像是拿走了什么东西一样从她手中拿走了那封信。"现在合起你的手握住这封信。"我看了看她,然后握紧拳头像是握住了那封不存在的信。

"把它送给一位店主。"

"我该怎么对他们说呢?"

"不用,你不需要说什么,孩子。"

"我该去哪一家商店呢?"

"这没有关系。"她微笑着说道。

我转过身,开始向离我3个街区远的商店走去。当我到达那个商店的时候,我看见一位妇女站在柜台前,我敲了一下门,然后走了进去。"有什么需要吗?"她问我。我犹豫着,我不知道该说些什么。我慢慢张开手伸到她的面前,我注视着她的脸,我想着她会不会以为我是一个疯子。

"这是给我的吗?"

"是的。"我快速地低下了头。

她好像凝望了我好一会儿,然后伸出手触摸了一下我的手。接着她立即转过身,我忽然感到了恐惧,以为她会报警。我抬起脚向门外走去,忽然我听到了她的叫声。我回过头看见她正端着一个纸盘。

"罗杰,这是给你的。"

"你怎么知道我的名字?"我感到疑惑。

"它写在那封信上。"

"但是其实没有信啊，我没有看见信。"

她对我笑了笑，然后暗示我将盘子里的食物吃完。我没有再问，顷刻间，我将盘子里的几块古柯哥拉斯一扫而光。

"现在，你该回去了。"

当我回到那里的时候，老人正坐在木椅上。她问我："你吃过了吗？"

"很好。"我急忙回答。然后她问我："以后，你会帮助那些感到寒冷、孤独无依、受到伤害的人吗？"

"会的，我愿意成为他们的朋友。"

她站了起来，轻轻吻了吻我的额头，很快便消失在黑暗中。

许多年以后，我才知道那位老人是孤儿院琼丽斯嬷嬷最好的朋友，她知道我最爱魔术。

此后，我也履行了我的诺言，而且我还让我带有魔力的爱更能走入那些脆弱、冰冷、孤独、迷失的心灵，温暖他们的心。

寻找
车钥匙

远赴英国工作的次子，最近回返新加坡度假两周。快乐的时光倏忽即逝，这天，他就要乘搭飞机回去英国了，我约了近亲十余人中午在餐馆为他饯行。

早上十一时，他忽然对我说道："妈妈，借用您的车，我想到锦茂去吃早餐。"我说："快到午餐时分了呢，干吗还要出去吃早餐？"他应："回去伦敦后，要吃本地小食，可就不容易了！"我一想也对，便说："快去快回！"

晌午，接到他的电话："妈妈，有个坏消息！"我心想，这个全身充满幽默细胞的小子，不知道又要玩什么把戏了，于是"以毒攻毒"，戏谑应道："嘿，是不是吃东西时不小心被空气哽到了？"可是，这回，他的声音全无调侃的笑意，只说："妈妈，车子的钥匙掉落了，我已经找了一个小时了，可是，还找不到！"我一听，便有白烟从头顶"嗤嗤嗤"地冒出来了，他为了嘴馋而给我带来这样大的麻烦，真是该打！我没好气地问道："现在，怎么办？"他说："你把家里的备用车钥匙送来给我，好吗？"

日胜载着我到锦茂区时，各种负面的念头好像蚂蚁一样咬噬着我的心。我的车匙，附有遥控器，倘若拾获车匙者心存歹意，只要到停车场去，便可以通过遥控器找到我的车子了！这就意味着我必须尽快更换车匙以便安全，然而，打造新的车匙，也许得耗上好几天的时间，几天没有车子用，多麻烦呵！我越想越气，忍不住对日胜口出怨言："他不出去吃早点，不就没事吗？"日胜平静地说："事情已经发生了，埋怨有何用！想办法把车匙找回来，才是重要的！"我没好气地应："要在那么大的地方找那么小的一把车匙，不就等于海底捞针吗？"日胜说："你没试过，又怎么能放弃！"

　　儿子坐在咖啡店里等我们。他已在所有可能掉落车匙的路线上来来回回地走了六趟，做了地毯式的搜寻，又仔仔细细地向扫地工人查问过了，却都徒劳无功。

　　该做的都做了，可是，日胜却依然不死心，又把已做的一切重做一遍，然而，那把车匙却像烟气一般蒸发掉了。

　　大家都想放弃了，不料日胜竟说："上邻里警岗查查看吧！"一直阴霾着脸的我，立刻嗤之以鼻："别异想天开了，怎么会有人把车匙往警岗送！"日胜还是老话一句："你没试过，又怎么能放弃！"

　　万万没想到，奇迹竟发生了！在锦茂警岗里，警员知道我们的来意后，立刻便把我们遍寻不获的车匙取了出来，说：

"这把车匙，是今早有人在自动提款机那儿捡到的！"

感谢的情愫，立刻好像潮水一般汩汩地涌满了我的心。

我们的社会，的确有着许多不知名的善心人，默默地通过诚实的善举，创造了一个温暖人心的居住环境。

我在放下心中巨石的当儿，也暗自惭愧自己愚昧的武断与庸人自扰的臆测。

赶往餐馆，与亲人共用午餐之后，便匆匆把次子送往机场。

临入闸门，他突然从裤袋里取出了两个大红包，分别放进我和日胜的手里，说："我不能回来与你们共度农历新年，所以，预祝你们新年快乐！"红包很厚、很沉；就在这一刹那，警员的话突然浮上了脑际："这把车匙，是今早有人在自动提款机那儿捡到的！"

啊，我亲爱的儿子今天早上到锦茂区去，为的原来不是吃早餐，而是取款封红包！

抬眼望他，他已远去。

与死神的争斗

20世纪90年代末，那年10月中旬，弥漫欧洲大陆的冷空气让喜欢户外运动的人伤透了脑筋。好不容易周末才有个好天气，库黎奇，这位来自莫桑比克，现就读于利比庞克维亚农学院的小伙子，迫不及待地驱车前往180公里外的图盟克小镇去参加一年一度的葡萄酒节。

午后，沐浴着暖洋洋的日光，库黎奇驾着"姆贝特"越野吉普车兴奋地上路了。一个多小时后，他已经穿行在基若卡亚山谷。如果驶过前方半山腰长达450米的一条穿山隧道，再花上半小时，他就可以到达美丽的小镇了，说不定5点以前还能品尝到醇香的葡萄酒呢。想到此，库黎奇提高了车速。

就在吉普车驶到离隧道还有250米的地方的时候，库黎奇突然感到车身莫名其妙地晃了一下，但瞬间又平稳下来。他并没在意，心想可能是车轮轧上石块了。但片刻之后，意外地晃动再次神秘地发生。吉普车在路面上奇怪地做出一个"S"形滑行。险些撞到了路边隔离栏上。库黎奇吓出一身冷汗，一脚踩死了刹车，赶紧下车查看车况，竟然一切正常。

库黎奇满心狐疑，忐忑不安地回到了驾驶室，又缓缓启动了吉普车。他谨慎地控制着方向盘，并警惕地注视着前方。在即将拐入隧道口的时刻，当库黎奇从后视镜中看到一辆客货两用"皮卡"尾行在身后时，他才轻轻松了一口气。因为不管怎样，在这荒野的山谷中总算有了个伴儿。心里稍稍踏实，库黎奇轻轻踩了一下油门，"姆贝特"快速蹿向隧道深处。

但是，就在吉普车刚刚驶过隧道三分之一处时，库黎奇突然感到车身猛烈颠簸起来，继而猛地一顿，差点儿把他从车窗里甩了出去。然后，吉普车就像个醉汉似的歪歪斜斜地向右滑去。惊慌失措的库黎奇死命抓住方向盘，往左猛转。尽管如此，车身的右前体还是擦上护坡的水泥墙面，伴着刺耳的摩擦声，迸出一串耀眼的火花。库黎奇定睛一看，路面正在像变魔术似的断裂。还没等他回过神来，前方大约80米开外的隧道顶部轰然垮塌。"不好，隧道塌方！"库黎奇紧急刹车，但噩运接踵而来，随着急促的刹车声，那辆尾随其后的"皮卡"正发疯似的朝他冲了过来……只听一声闷响，库黎奇便被巨大的冲击力狠狠地压向了方向盘，胸口的剧痛让他晕了过去……

不知过了多久，库黎奇吃力地睁开了双眼。隧道里一片漆黑，灯光不知何时全部熄灭，前方隧道顶部的沙石仍在不断坠落下来，发出骇人的声响。"必须逃出去！"惊魂未定的库黎奇艰难地爬出了驾驶室。借助手电光，他惊恐地发现，坍塌下来的沙石已经死死地封住了前方的隧道口。转过身来,库黎奇连忙摸向已严重变形的"皮卡"。透过已经扭曲的车窗,他看见满面血迹的驾驶员趴在方向盘上一动不动。"喂,老兄!醒醒,快醒醒!"连声叫唤,没有一点儿反应。库黎奇焦急地伸手用力摇晃司机的肩膀,发现司机已经死了。

焦躁不安的库黎奇知道,一切都只能靠自己了。此刻他清楚地知道,从原路退出去才是唯一的出路。然而,库黎奇还没来得及迈开步子,灾难如狂潮般席卷而来,整个隧道陡然间猛烈地震动起来,隧道顶部的装饰材料和填充材料纷纷砸向地面。一时间,如同来自地狱的恐惧像毒蚁般吞噬着库黎奇的心灵。与此同时,从隧道口传来的莫名其妙的轰隆声,几乎瓦解了库黎奇的一切求生愿望。他惊恐万状地望着四周,仿佛看到了来自地狱的幽光。"我一定要活着出去,决不葬身在这魔鬼地狱里!"最后的一丝求生本能唤醒了濒临绝境的库黎奇,他歇斯底里地吼叫着冲向隧道口。但是,就在他快要接近隧道口的时候,一股巨大的热浪夹杂着刺鼻的硫黄味扑面而来。紧接着,眼前的情景让库黎奇感到彻底的绝望:一大片火红的黏稠液体正顺着山谷源源不断地灌进隧道,所到之处,浓烟四起,柏油路面被烙得"噼啪噼啪"作响。"我的上帝,岩浆,是岩浆!"库黎奇目瞪口呆地站在原地,梦魇般地自言自语。他做梦都没想到,自己原来估计的隧道坍塌竟是一场引发火山爆发的地震。

严酷的事实使库黎奇求生的欲望被打破，温度高达上千摄氏度的岩浆已封死了唯一的退路，火红的岩浆不停地向隧道内涌来，袭人的热浪步步进逼，库黎奇身不由己地向隧道深处连连后退。15分钟后，库黎奇已被迫退回到了撞车的地点，再往前约七八十米，就无路可退了。真是天无绝人之路，一看到那两辆扭在一起的汽车，情急之中的库黎奇马上计上心来，飞快地爬上了"姆贝特"的顶棚，不管怎么说，能有一线希望，自己总不会葬身火海了。

然而，事情的发展超出了库黎奇的预料。触及岩浆的汽车轮胎顷刻间被融化，散发出呛人的焦煳味，整个车身迅速矮下了一截。奔涌而进的岩浆在抵达尽头后迅速淤积起来，厚度不断抬升，灼人的高温使库黎奇感到几近窒息，豆大的汗珠顺着衣襟滚滚而下。

按照眼前的情形，再用不到20分钟，不断抬升的岩浆足以淹没整个隧道，想要求生显然已不可能。想到此，库黎奇仍不甘心地巡视着四周，希望奇迹出现。而此时，库黎奇已明显地觉察到脚底下的汽车顶棚开始发烫。"该死，我的油箱着火了！"库黎奇突然想起了两辆车的油箱，随时都有可能发生爆炸的危险！

一切都糟糕到了极点！库黎奇哀求似的闭上了双眼，所有的思绪在死神面前混乱到了极点，临终的一刻已逼近眼前。时间在一秒一秒地过去，库黎奇只能疯狂地跺着脚，依然无计可施……

就在这最危急的关头，库黎奇突然想到了那根穿过隧道的电缆线。那是一根悬挂在石壁上，足有大拇指粗的通讯电缆。"为什么不顺着它滑出隧道呢？"库黎奇顿觉眼前一亮。但是问题接踵而至，谁有如此大的臂力可以悬挂身体滑行约200米的距离呢？库黎奇再度陷入了困境，只能眼看着时间一秒一秒地滑过去。"安全带！"念头一闪，库黎奇马上俯身解下了驾驶座的安全带。

没有丝毫的犹豫，库黎奇飞快地把安全带上的铁钩挂上了电缆，另一端牢牢地系在自己的腰间，双手开始在电缆上交替拉动，整个身体在空中开始不停地移动。10米、20米、50米……库黎奇咬紧牙关，艰难地向前滑行着，滑行着。

难熬的十多分钟如同漫长的黑夜挨了过去，沉闷的爆炸声终于被甩在了身后。

当库黎奇用最后的气力攀上隧道口上方的一块山岩时，他好像从地狱里走了一趟又回到了人间，喜悦的泪水不禁夺眶而出。他庆幸自己用智慧、用勇气成功地摆脱了死神，大口大口地呼吸着隧道外略有些异味的空气……

给心灵
放个假

　　有个朋友对我说，他们家族有一个不成文的规定，只要火车能到的地方，非不得已，绝不坐其他交通工具。

　　我问他是不是为了安全，朋友摇摇头，因此我问他，那是你的家乡没有火车，他说早有了，据说安静的时候还能听到火车的汽笛声。可是他的曾祖母为了照顾一大家子，听火车听了好多年，且没能够只要走上几十分钟的路看看火车。你能想象吗，她的一生遗憾，竟然是没看过火车。而更大的遗憾留给了曾祖父，他说他让妻子忙碌了一辈子，没见过火车就死了，也是他一生的遗憾。朋友喃喃地说，家族人总是坐火车是为了曾祖母、为了曾祖父。

　　我的儿子刚出世的时候，有一位护士常到家里来推销奶粉，时间久了就变成了我们的朋友。护士的丈夫是一位军医，因为待遇不好，孩子又多，才不得不在下班以后抱着大罐小罐的奶粉，挤在一班又一班的公共汽车上。军医后来退伍，转入民间，没几年自己开了诊所，他的妻子竟然还在推销奶粉，说是刚买了房子，分期付款太重。我出国不久，收到一个朋友的来信，说那个护士死了，乳腺癌，知道的时候已经是晚期。她自己是护士，丈夫又是医生，居然乳腺癌到了没救了才发现。写信的人淡淡地说，夫妻俩太忙了，连摸摸太太乳房的机会都没有。临死，护士哀嚎地哭喊：我太冤了，连刚买的彩色电视都没看过几眼。

某次电视新闻播出专题，一个慈善团体带俄国一些特殊儿童游迪斯尼乐园，激情的孩子坐着轮椅、挂着点滴。那个戴着帽子的小孩，摘下帽子，露出了没有毛发的光头，他们都是患了绝症，不久于世的孩子，人生才起步啊！他们却已经要结束了。在夜里，有孩子们熟睡的镜头，一个孩子举着手竖着v字形，胜利的手势，一些孩子都在笑，那些看着的人却都哭了。笑的孩子说："好高兴啊！我终于看到了米老鼠，这是我一生的梦想。"

能有几个人死而无憾呢？往往让人震惊的是这种遗憾，只是看看火车、电视、游玩某个地方等。那些既然是每个人在活着的时候，稍稍加点心意，就能完成的理想，只是由于忙碌，由于拖延留下遗憾来。当知道再没有明天实现的时候，把这种遗憾留下来，成为别人的遗憾。

让我们的心灵放个假吧，我们一生将无憾。

最可怕
的冷漠

一个初夏的夜晚，一对夫妻把两个年幼的儿子锁在房子里，然后去田里收割已经成熟的麦子。

夜晚10点左右时，在田里收割的人们发现了村子里有火光，四处响起了"失火了，快去救火"的呼喊声。除了那一对夫妻，所有的村民都奔向了村庄。然而，失火的恰恰是他们家。弟弟要撒尿，五岁的哥哥学着妈妈的样子点燃了一支蜡烛，蜡烛烧到蚊帐……

村民们涌到房前时，门还是紧紧地锁着，房内的大火依然在烧，十几个村民抱着一根木桩撞开了门。屋内的情景是：五岁的孩子站在桌子上，浑身是火！四岁的孩子站在门后，睁着一双惊恐的眼睛看着哥哥。村民把孩子抱下桌子，不顾一切地脱去孩子身上的衣服，在脱的过程中，孩子身上皮肤大面积脱落——已经烧熟了！

等那一对夫妻得知消息赶回家里时，孩子全身都已经变黑了。那一对夫妻后悔不迭，如果他们像其他村民一样赶回村子，孩子或许就不会伤得这么严重，毕竟，在那大火蔓延的十几分钟里，每一秒都是至关重要的，可是，他们以为是别人的家事而错失了这重要的十几分钟。

错过的，不仅仅是这些。

送到医院后，医生说，现在给孩子整容吧。因为孩子小，等到长大时，只会留下很轻微的痕迹……但那个父亲听说需要3000块钱时，顿了一下，对妻子说："不如，等长大一点再说吧！"妻子同意了，他们要建新的房子，钱很紧张。

10岁的时候，孩子因为喉咙处引流不畅，去做了一次手术；15岁的时候，孩子因为嘴唇外翻影响说话去做了一次手术……每手术一次，孩子都要在房间里呆上好长一段时间。

如今，孩子22岁了，考上了一所不错的大学。但是，他很难走近周围的人，因为，他的眼睛是畸形的，嘴巴是畸形的，鼻子也是畸形的……而那个在大火中没有受伤的弟弟却长成了高大的帅小伙。村人都说，老大原来比老二还要帅的。

过年的时候，老大从学校回到家，在外打工的弟弟带回了漂亮的女朋友。在一家人忙着张罗午餐的时候，父亲对老大说，"你去玩吧，家里没你的事……"老大听了，不相信地问，"我不吃饭了？""吃饭？你在桌上，让别人怎么吃饭？去前面你二叔家吃，我跟他说过了……"这个一向很自卑的孩子没有想到，在自己的家里，他会遭遇这样的尴尬，没有想到，在自己的家里，也会感受冷漠，而这种冷漠带给他的伤害更深！难道，他们不记得了，自己的今天都是源于他们的自私吗？他伤心了，想着想着，伤到心也死了。在校园里，他虽然封闭了自己的内心，但老师和同学都说他是一个好学生，积极向上，成绩一直是名列前茅的。他一直是有希望的。可是，现在，他没有了，在这个世界上，没有人能真切地接受他。

在那个寒冷的冬天，这个痛苦地活了17年的孩子选择了离开。他走了，在那个冬天的夜里。他给父母留下了一张纸条：我可以在别人的歧视中存活，但受不了来自你们的冷漠……

这世上最可怕的不是灾难，而是灾难过后的冷漠……

梦想的意义

在他长时间的凝视下，窗外那几朵花——平日不留心的浅白色小花，蓦然间变得婉丽，夕阳里摇曳出令人垂泪的风姿。出这件事以前，他以为花是一年一谢，自己是永远开放的，而现在，于酷热难挨的夏天，他却战栗地感到生命冬季即将到来的凛冽了。

他拿出存折。由于多年的拼搏和近乎吝啬的节省，里面积攒了七位数字。它沉甸甸的重量，平时像秤砣一样平衡着他的人生，如今却变得蝉翼般轻薄起来：奔驰轿车能拉走一丝疼痛吗？200平方米的豪宅能装载如海的恐惧吗？大把的金钱能买来治病救命的灵丹妙药吗？他感到以往的生命被大块大块地虚掷了，辜负了春花秋月，怠慢了高贵灵魂。他追求幸福，但幸福不在存折里，而在梦里。只有梦里的微笑才是灵魂真正的慰藉。

他准备取出部分存款，把杂事放到一边，先到西藏旅行去。因为他听说，那里的天很蓝很蓝。

去银行的路上，他顺便去了医院，他只是想和医生谈谈自己的最新计划。主治医生迎上前来，笑容满面："经过再次检查和专家会诊，最终排除了癌症的可能。你得的不是肝癌，是肝炎！

这就好办了……"

他被突如其来的喜讯击昏了。一阵幸福的晕眩过后，把手伸进口袋，感到存折又变得厚重、温暖了。他马上想起一笔近万元的欠款需要立即追回。

把手从口袋抽出时，一张纸片被带出，轻轻飘落下来。上面写着：

实现七个梦想：

1. 到西藏旅行一次。

2. 到埃及参观金字塔、骑骆驼。

3. 去看看尼亚加拉瀑布。

4. 到母亲故乡去一趟。

5. 到老宅和儿时伙伴玩一次泥巴。

6. 读完十部世界名著。

7. 录一盘自己唱的歌。

主治医生上前拾起，看了看纸条，又抬头看了看他，眼睛灼灼放光，沉思片刻，突然又说："不过，通过检查，我们又发现你患有另一种癌症，比肝癌凶险十倍！"

他一怔，问："治愈率多少？"

"百分之零。"

"能存活多长时间？"

"根据你56岁的年龄，存活期最长不过二三十年，最短也许就是几年甚至几个月、几天。"

"发病率呢？"

"百分之百，人人必患无疑！"

"这种癌症叫什么名字？"

"死亡。"他先是不以为然，随后沉思不语。刚被阳光笼罩的脸上复被阴云覆盖，接着又亮，再暗，最后呈现出一种恬静平和的表情。

他小心地把写有"七个梦想"的纸片叠好，轻轻地放进上衣口袋，向主治医生深鞠一躬后，大步流星地向银行走去。

03

不起眼的失误

666声
钟响

我过去教过的一个学生来看我，说："老师，你那么爱写东西，给你提供个素材，你写写我们寝室的贫困生王大川的故事吧。特感人！"说完便给我讲了下面的故事。

王大川来自陕北农村，他是扛着两个蛇皮袋子来学校报到的。他没有一件像样的衣服，鞋子全是他妈妈给做的。他的蛇皮袋子里装的都是些奇奇怪怪的东西，除了大枣、柿饼、果干之外，还有几十副绣花鞋垫，几十个用白线钩的衣服领子，3副用旧毛线编织的手套，此外，还有两个手指粗细的花花绿绿的筒状编织物，我们好奇地问他那是什么，他操着浓重的乡音告诉我们说："这是笔套，装钢笔用的。"——晕！

后来我们得知，他是他们村子里恢复高考以来考上的第一个大学生。录取通知书一到手，全村都沸腾了！家家户户都摆了庆贺宴宴请他。"到了快要动身的时候，"他说，"我一顿饭要串四五家。在这家吃个丸子，到那家吃片肉。不去可不行，不去人家会说你瞧不起他，会恼的。"我们听了，觉得特震撼。

更让我们震撼的事儿还在后头呢！他们村子里几乎所有的

人家都登门来给他送了礼物，就是我们看到的那些吃的、用的东西。有一个住在破庙里的光棍汉老刘头，也让人捎来了话，说是吃过晚饭要送给王大川个"念想儿"。王大川的父母知道老刘头是全村最穷的，送不起什么礼物，就让捎话的人又捎了个话回去，说他的心意大川心领了，就别再费心送什么礼物了。吃过晚饭，老刘头没有来，王大川的父母以为他打消了送礼物的念头了，心里的不安也就随之消散了。

后来，他们一家人正围坐在一起闲聊，突然听到从破庙的方向传来了钟声。开始的时候，谁也没有太留意，但是，那钟声响起来竟没个完。王大川和他的父亲想去看个究竟，便一起往破庙的方向走去。路上，他们碰到了许多和他们一样好奇的乡亲，大家互相探问着，谁也不知道到底发生了什么事，便结伴往破庙的方向走。快到破庙的时候，他们发现那里早站了黑压压的一片人。

"王大川来了！"人群中不知谁这样喊了一句，于是，所有的人便都把脸扭向了王大川。

王大川蒙了，说："我——咋了？"

大家七嘴八舌地对他说开了："人家老刘头是为你敲钟呢！""他太穷了，拿不出什么东西，只好用这法子表表心意。""666下，老刘头说要送你个六六大顺啊！"

王大川跟我们说，当时，他的眼泪一下子就掉下来了。他说："那是一口沉重的老钟，撞起来挺费劲的。应该说，老刘头是卖着老命在为我撞钟啊！这就是我们村子里的人，朴实的像一团泥，热情的又像一团火。从那天晚上起，那破庙里传出的钟声就总是在我的耳边回响。我想，不管我走得多远，我都走不出小村的怀抱，走不出那钟声的怀抱。真的，为这钟声，我也要拼全力活出个像样儿的人生，回报生我养我的小村，回报我杀身割肉也报答不尽的父老乡亲……"

越焦虑
越愚蠢

　　美国的行为心理学家进行过一个试验。让两组男女穿着泳衣回答智力问题，男人的成绩大致正常，女人却大失水准，也就是普遍低于她们穿常服时的测验水准。

　　心理学家的结论是：越美越愚蠢。

　　这项试验有多重目的，譬如衣着暴露程度与智商发挥之间的关系。试验报告说，被测试的女人的注意力大多放在泳装的效果上，考虑自己是不是美，所以语无伦次。

　　美与愚蠢的关系，中外有许多人在研究，虽然说法不一，但很少得出越美越聪明的结论。

　　而我关心的是另一个问题，即情境与自信力的关系。我以为泳装女郎变愚蠢的原因在于自尊感，也可称为焦虑。虽然从男人的眼光看，女人穿泳装出场一律是令人愉快的。但使他们愉快的原因并不复杂，就是穿得少。如林语堂称：演讲如女人的裙子，越短越好。而女人穿泳装——如果不是在泳池——多数有焦虑感，譬如腿是不是太粗，胸是不是太瘪等等。有一位女舞蹈家称，永远不穿泳装，因为太瘪。当一个人自己设定的缺陷，譬如腿粗，在长期隐蔽之下突然暴露出来之后，智力只好下降。可见并非越美越愚蠢，而是越焦虑越愚蠢。人的智力在很大程度上是集中注意力的能力，联想、判断均赖于此。一个女人穿着泳装在大庭广众之下集中注意力，能吗？可见泳坛女将在比赛中取得佳绩并不容易。人类从裸身到着衣，大约只有一万年的时间，在500年左右的进化中，对身体的羞耻已经根深蒂固。人们如果什么也不穿，在异性面前回答问题。譬如蝙蝠是鸟类还是动物。结论全是不知道。当然没有这种测试，如此测试也不必要。可是人只穿上一点点衣服，如泳装，脑子就开始发木，则证明"忘我"实在是很难的事情。

"忘我"从心理学说，是儿童游戏那种状态，物我两忘，浑然一体。人在这种时刻最聪明。儿童的忘我能让人钦佩到什么程度呢？他们方便的时候，会投入对一只昆虫的观察，以至忘记了自己在做什么。老子将这种状态称为"赤子之心"。有了此心，没有什么事情办不好。与忘我相对的是"挂碍"。人的一生总被各种事情挂碍着，腿粗只是其中一种。杰克逊为肤色挂碍，漂白或植皮。有人被性别挂碍，用手术造出另一套生殖系统。这是一种并不重要的，但使当事人忘不掉的焦虑。

医治"挂碍"的药方，即古贤说的"平常心"。平常心如今被滥用了。倘若一个贪官被撤职了，也以"平常心"为自己解嘲。他以为无法吃喝嫖赌，像老百姓一样过平实的日子就是平常心了。平常心远非一两句话能够说清，但至少在于忘记自己的背景、缺陷、荣耀等等附加物，与人无异，双手空空。这是摆脱焦虑的法门与境界。这样的人气象平和，不让人讨厌。还有一个好处是穿泳装进行考试的时候能够得第一。

拯救荷兰
的小刀

荷兰位于欧洲西北部，濒临北海。受洋流的影响，每到夏季，就有大批鲱鱼洄游到荷兰北部的沿海区域。

14世纪时，荷兰人口不到100万，却有近20万人从事捕鱼业。在当时，荷兰人每年可以从北海中捕获超过1000万公斤的鲱鱼。小小的鲱鱼为五分之一的荷兰人提供了生计，并成为荷兰人的经济支柱。

荷兰人不敢想象。没有了鲱鱼，生活会是什么样子。

但是，造物主并没有给荷兰人独享鲱鱼的权利，生活在北海边的其他民族，也组织了捕捞鲱鱼的船队，以获得这种自然资源。和其他鱼类一样，鲱鱼保鲜的时间只有几天，而当时还没有制冷设施。随着大量的鲱鱼涌入欧洲市场，荷兰人的鲱鱼开始滞销、腐烂，这让一些荷兰人的生活陷入贫穷的危机。为了减少其他国家的捕捞量，荷兰人曾和他们的邻居苏格兰人爆发过三次战争，以争夺鲱鱼渔场，但战争也没能改变荷兰人的命运。

威廉姆·伯克尔斯宗，是荷兰北部一个小渔村中的渔民，和很多荷兰人一样，威廉姆一直靠捕捞并出卖鲱鱼来养活妻子儿女。没有人买他的鲱鱼，就意味着威廉姆一家无法生存下去。那些日子，威廉姆每天满脑子想的都是鲱鱼："市场上的鲱鱼太多，就不会好卖；鲱鱼不能快速卖掉，就会变质腐烂；鲱鱼烂掉，就会没有饭吃……"威廉姆在思考中，竟然一下子抓住了问题的关键：鲱鱼的腐烂。如果有一种方法能不让鲱鱼烂掉，所有的难题就都会迎刃而解！

这个念头让威廉姆兴奋不已，他开始寻找解决这个问题的方法。最终，威廉姆发明了一种特制的小刀，用这种小刀，一刀就可以除去一条鲱鱼的鱼肠，然后再把盐放到鱼腹里，就解决了鲱鱼腐烂的问题。经过这样处理过的鲱鱼，可以保存一年多的时间不变质。在没有冰箱的时代，这种独特的方法让荷兰的鲱鱼在激烈竞争中脱颖而出，最终战胜对手，畅销到整个欧洲。

就这样，荷兰渔民凭借一把小刀，将一种人人都可以染指的自然资源，转化为荷兰独占的资本。紧接着，借助畅销的鲱鱼，荷兰人开始了商旅生涯和海上贸易。到17世纪的时候，这个仅有150万人口的国家不但成为整个世界的经济中心和最富庶的地区，还将自己的势力延伸到地球上的每一个角落。当时，人们称荷兰为"海上第一强国"。

如今，在荷兰港口城市鹿特丹的市中心，仍矗立着威廉姆的塑像。细心的人会看到，威廉姆的手里拿着鲱鱼和一把小刀。这个塑像似乎在提醒人们：荷兰的发展和崛起，是从威廉姆的那把小刀开始的。

如同14世纪的荷兰人，每当危机降临到头上，人们的表现总是方寸大乱，然后千方百计去寻觅一种能破解危机的利刃，却没想到，那利刃就藏在每个人自己的心里，它的名字叫智慧。

尊重穷人

　　世界上大概没人想当穷人，尽管很多人都认为自己是穷人。但是如果你现在有幸脱离了穷人的行列，你想过没有，你眼下所拥有的生活，其实很大一部分是穷人给你的。

　　什么样的人算是"穷人"？这是从来都掰扯不清的问题。如果问每个人的主观感受，世界上绝大多数人都认为自己是穷人，因为这是和人们的欲望相比。

　　按国际上通行的标准，穷人一般是指收入在国家最低保障线以下的人。如2006年1月24日，美国联邦政府公布的48个州及哥伦比亚特区的贫困线标准是单人年收入在9800美元以下，3口之家16600美元以下，就算美国的穷人，就可享受国家的补贴。俄罗斯最新的数字是月收入2451卢布，折合年收入即人均1080美元，3口之家收入3240美元以下的，就算俄罗斯的穷人。中国统计局最新公布的贫困线是人均年收入750元人民币，折合78美元，3口之家收入234美元以下的，就是中国的穷人。

　　也有人这样"败坏"穷人的定义："穷人吃肉，富人吃菜；穷人白胖，富人黑瘦——赘肉是穷人的标志；穷人喝可乐、吃汉堡、看流行卡通，还成天把年薪挂在嘴上……"还有人这样让人垂涎地形容穷人："在硅谷只有两种人，要么是穷人，要么是百万富翁。穷人与百万富翁的比例是1∶8。穷人的概念是年薪在8万美元左右。这种收入水平在美国别的地方不是穷人，起码是中产阶级，可是在硅谷，因为有钱人的比例很高，你这样的收入就是穷人。"

本文所指的当然是真正的穷人。从社会学"功能论"的角度来看，社会中的每一个阶层、每一个组成部分，都为这个社会的稳定和运转做出了贡献。美国的社会学家赫伯特·J·甘斯专门研究了穷人对社会的贡献。他认为穷人至少发挥了15个方面的功能，其中主要的方面有：

穷人在社会上以极低的薪资，从事无技巧的、危险的、不体面甚至卑微的工作，使得医院、宾馆、餐厅、工厂可从一大群人中挑选雇员，确保其合适的成本并增加获利；

富人会以低薪聘请工人处理许多耗时的事情，如打扫房间、负责园艺工作、照看儿童等，而自己可以腾出时间做"更重要"、更赚钱的工作；

穷人会为了多赚些钱，志愿担任药物测试的实验者，因为许多新药必须在健康的受试者身上测试其副作用；

穷人常常购买二手货，这减少了资源的浪费；

经常被援助的穷人，可为那些在阶层中位置较高者提供精神、心理满足的来源，穷人的存在确认了整个社会的主导优势规范；

穷人的文化中，某些方面(如爵士乐)经常被上层人士所借鉴和欣赏，某些穷人(例如流浪者和妓女)也变成社会其他人士研究的题材并借以谋生……

穷人有如此多的功能也许是客观存在的，但是决不能因此为贫困现象的"合理性"进行辩护，富人阶层更不能因此故意制造贫困阶层。

纽约有一位漫画家运用极端的方式，讽刺了功能论者怎样为污染海洋的石油外溢事故辩护：理由一、给海洋一个练习怎样自我清洁的机会是不错的；二、羽翼沾满油污的海鸟能抵御日晒；三、试验证明，许多海中植物实际上很喜欢石油的味道；四、渔业被毁，意味着人们可以吃更多的肉类，而这正是美国盛产的食物；五、媒体工作者也可从中获利，拍摄海洋污染照片，访问海鸟清洁工，若不然，这些人能做什么？漫画家的幽默，告诉我们即使某件事情确实具有功能，也不能认为它就是正当的。

当地球还没有能力消除贫困与穷人，所有相对不太贫穷的人，就应该多想想穷人为我们每个人，为我们所享受的生活做了哪些贡献，就应该多想想我们应该怎样善待穷人。正如美国华人学者薛涌说的，"在美国，不管一个人怎么富，谈起穷人来，口气都会放尊重些。因为富人们知道，在一个正常的社会，只要想通过正常的渠道致富，就得靠社会，包括靠穷人。"

三重门

从前有一位王子，他问他的老师——一位年长的智者："我的生活之路将是什么样的呢？"智者回答说："在你的生活之路上，你将遇到三道门，每一道门上都写有一句话，到时候你看了就明白了。"

于是王子上路了。不久，他就遇到了第一道门，上面写着"改变世界"。王子想：我要按照我的理想去规划这个世界，将那些我看不惯的事情统统改掉。于是他就这样去做了。几年之后，王子又遇到了第二道门，上面写着"改变别人"。王子想：我要用美好的思想去教化人们，让他们的性格向着更正确的方向发展。再后来，他又遇到了第三道门，上面写着"改变你自己"。王子想：我要使自己的人格变得更完美。于是他就这样去做了。

一天，王子见到了他的老师，王子说："我已经看过生活之路上的三道门了。我懂得，与其改变世界，不如改变这个世界上的人，而与其去改变别人，不如去改变我自己。"智者听了，微微一笑，说："也许你现在应该向回走，再回去仔细看看那三道门。"

王子将信将疑地向回走，远远地他就看到了第三道门。可是和他来的时候不一样，从回来的这个方向上，他看到门上写的是"接纳你自己"。王子这才明白他在改变自己时为什么总是生活在自责和苦恼之中：因为他拒绝承认和接受自己的缺点，所以他总把目光放在自己做不到的事情上，忽略了自己的长处。他因此学会了欣赏自己。王子继续向回走。他看到第二道门上写的是"接纳别人"。他这才明白他为什么总怨声载道：因为他拒绝接受别人和自己存在差别，所以他总是不去理解和体谅别人的难处。他因此学会了宽容别人。王子又继续向回走。他看到第一道门上写的是"接纳世界"。王子这才明白他在改变世界时为什么失败连连：因为他拒绝承认世界上有许多事情是人力所不及的，忽略了自己可以做得更好的事情。

他因此学会了包容世界。

这时智者已经等在那里了，他对王子说："我想，现在你已经懂得什么是和谐与平静了。"

特立独行
的山羊

那是一只年轻的山羊，通体黑色，只在它的嘴唇处，透露着一丝的白。它混迹于一群羊之中，在一群羊的夹缝中活着，它一刻不息地奔走，却没有自己的方向。

头羊为所有的羊安排好了一切，其中也包括这只山羊一生的目标。生活中，除了它的父母、亲戚、长辈，还有一些看不见的东西，把它看得死死的，它没有丝毫的自由。它每天要做的事情就是混杂在一群羊后头，驯服地前行，像云彩一般，从一块田地倏忽间飘移到另一块田地，从一面土坡辗转到另一面土坡。

即便这样，这只山羊还是显示出与众不同的样子。视线里，所有的羊都习惯地低着头，伏成一种吃草的姿势，这是一种亲近大地的方式。然而它不，它在行进中高昂着头，端视着远方，仪态卓尔不群，气质儒雅不俗。这在一群羊当中，是那么惹眼，那么醒目，那么特立独行。

它知道，它的终身要依附于大地，它的前身后世，它最终的背影也都将消散在这一片大地上，所以它无意背叛大地。只是，生命中另外的一些风景等着它去亲近，去沟通，去发现。譬如，它一抬头，就很容易地亲近了一缕风，亲近了一只飞在高处的昆虫，亲近了一片还没来得及飞走的云，甚至，它因此而亲近了整个天空。它发现，遥远的天空其实很近，天空对善意亲近它的人没有距离。

在羊的眼里，偌大的一片原野，只是为长草而存在的，平的地方叫草地，高的地方叫草坡。它们在这片田野上奔波，只是为草而奔波。

这只羊却不同，虽然它的身体里永恒地涌动着草的气息，但那只是它生命中涌动的一部分。有时候，它会趁头羊不备，突然独辟蹊径跑到另一条路上去，一直跑出很远；有时候，另外的羊在一片肥美的草地上匆忙吃草，它却长时间站立不动，凝神远望；有好几次，其他的羊已经走出很远了，它却不着急，故意落下一段距离来悠闲地散步；在这一大群羊当中，它只有亲戚，没有朋友，它孤单，却并不显寂寞，它影只，却不显凄绝，它在自我的世界里丰富着，它在内心的广阔中蓬勃着。

这是一只普通的山羊，身子娇小而健壮，它并没有在自己任何外在的部分显示出与众不同来。它一样被农人圈在圈里，一样受到鞭子的指斥和吆喝，一样早出晚归。它记住了一些羊，也忘记了一些羊，一些羊来了，又有一些羊走了，生命的来来往往，它已经习以为常。

它知道什么该擦肩而过，什么该一生相拥，什么该紧紧守住，什么该淡淡丢弃。于是，它的不问，在智慧里，在思想里，在灵魂深处，或漫步，或跳跃，或飞翔，让自我的心灵更加散淡，更加活泼，浮沉无我，止去自由。

就是这只让人陌生而熟悉的山羊，我见它最后一面的时候，它正在乡村的一片原野上，随着一群羊从一块田地迁徙到另一块田地里去。它们正要攀过一条田埂，其他的羊耐心，持重，四平八稳，移动着碎步，移前脚，跟后脚，琐碎的几步之后，才到了田埂的另一头。而它，只是轻轻地一跃，像一个自由的精灵，在我的视线里划出一道清浅而优雅的黑影来，极短促，只是淡淡地一闪，却给那方空间留下了我平生所见到的最美的影像。

上帝在每个人的心里

福格森是一家私立小学的教师。他原本是一个优秀的机械工程师，但因为他的妻子不能生育，而他又非常喜欢孩子，所以应聘到了这所位于市郊的私立小学。

福格森家境清贫，前些年虽然小有积蓄，但他的父亲两年前身患绝症，需要手术费。福格森把积蓄都拿了出来，手术做了，但父亲却死在了昂贵的手术台上。他的妻子玛丽开了一个小诊所，生意马马虎虎，两人的生活也衣食无忧。

但福格森很满足。他把感情都倾注到了孩子们身上，孩子们都很喜欢他，在这些孩子们当中，福格森特别喜欢小约翰。这孩子不仅聪明乖巧，而且有着极强的创造力。后来，小约翰要求每周三、五晚上到福格森家里接受课外辅导，搞科学小发明，福格森高兴地答应了。

小约翰第一次来到福格森家，被老师家中的贫寒吃了一惊。他说："老师，你为什么生活得这样苦呢？你很缺钱吗？"福格森笑着说："不，小约翰，我很快乐啊！我有这么多可爱的孩子们。"

周五晚上，小约翰领着一个气宇轩昂的中年男人进了福格森的家。原来他就是小约翰的爸爸老约翰，一个大名鼎鼎的银行家。老约翰环视四壁，叹着气说："福格森老师，您的清贫让我非常不安。多谢您对我儿子的关怀和指教，我要用每年10万美元的薪酬来感谢您。"

小约翰微笑地看着福格森，显然这是他游说的结果。但是福格森面色严肃，郑重其事地说："谢谢您的好意，但我不会接受任何人的可怜和施舍，因为我并不奢求奢华的生活。"老约翰有些始料未及，尴尬地站着，良久嗫嚅道："福格森老师，我……我是真诚的。"福格森摆摆手说："您的好意我心领了。小约翰是我的学生，我来指导他是分内的事情。"

"那么，好吧。"老约翰向福格森微微地鞠了一躬，转身走了出去。上车后，他自言自语了一句："世界上还有这样的人！"

天有不测风云，半年后的一天，福格森的妻子玛丽出了严重的医疗事故，导致病人死亡。虽然免于刑事起诉，但民事赔偿榨干了家中的一切，还欠了数万美元的债。玛丽在这一打击中受了极大的刺激，精神失常，被送进了精神病院。

老约翰第二次登门，满脸悲悯之色地要求帮助福格森，可他仍然拒绝了帮助。老约翰手里攥着一张大额的支票，怏怏地回到车上，用拳头狠狠地砸了一下方向盘，对自己说："世界上真有这样的人！"

福格森过着极度节俭的生活，他要省下每一分钱来还债和给妻子治病。由于营养不良，福格森的脸色开始发黄，头发干枯，身体常常感到疲乏无力。所幸的是，玛丽的病情得到了控制，而且他每一次去探望，玛丽的精神都在渐渐好转。

这天，福格森开着破旧的吉普车，又前往精神病院看望妻子。半路上，他突然发现路边躺着一个老人，看样子是病了。他本能地一个急刹车，跳下车来，奔到老人身边，问："先生，您怎么了？"老人痛苦地指着自己的上衣口袋，吃力地说："我的心脏病犯了。急救药在这个口袋里，您能帮我拿一下吗？"福格森忙把药丸掏出来，给老人含在口里。过了一会儿，老人恢复了过来，不断地向福格森道谢。福格森摇摇头，说："您不用客气，我现在送您回家吧。"

把老人安顿在床上后，老人便与福格森聊起来。老人问福格森的家庭情况，福格森只说了自己的职业和早年做工程师的经历，对家里目前的窘境却绝口不提。

老人突然来了精神，说："这么说，您精通机械了。"福格森腼腆地说："还行。"老人从口袋里拿出一张名片，兴奋地递给福格森："这是我的名片。"福格森接过来，这才知道老人是当地一家有名的机电有限公司的总裁，叫怀特。老人接着说："尊敬的福格森先生，我的公司有一个专为残疾人生产机械用品的福利车间，眼下开发新产品遇到了技术问题。我看到您是一个富有爱心和学识的人，我想聘请您担任公司的技术指导，月薪两万美元。您放心，不会影响正常的教学工作，不知您意下如何？"

福格森有些心动了，两万美元的月薪对他不啻是雪中送炭。"好吧，怀特先生，我会努力的！"

福格森的生活境遇有了很大的好转，他不仅没有耽误教学工作，还为开发"盲人引路器"立下了汗马功劳，为此，福格森获得20万美元的奖励。

一年半后，福格森开了自己的私立小学，他特意请怀特先生来剪彩。从豪华小车上下来的怀特对前来迎接他的福格森说："看，我还给您带来了一个意想不到的贺礼。"说着，冲自己的轿车招了招手。

车门打开了，玛丽楚楚动人地走下车来。福格森简直不相信自己的眼睛，他和玛丽热烈地拥抱，激动地说："亲爱的，这是怎么回事？我昨天去见你，你还没有痊愈呢！"

玛丽流着泪说："其实，我半个月前就康复了。对不起，亲爱的，我欺骗了你。"

"为什么？"福格森如坠云里雾中。

"还是让我来告诉你吧。"怀特微笑着说，"事实上，这一切都是老约翰的安排。他私下里为你的妻子花钱雇最好的医生，用最好的药；而为了帮助你，他想出了让我半路装病的主意，因为他料定你会相救。当然，如果你视若无睹的话，我们也就不必帮助你了，因为对一个缺乏爱心的人，帮助是没有价值的。老约翰尊重你的清高和自尊，所以才让你看不出任何痕迹。知道吗，老约翰是我们公司最大的股东。"

这时，老约翰从轿车里走了下来欣慰地握着福格森的手，动情地说："亲爱的福格森，在这个撒满阳光的世界里，关爱和被关爱都是幸福的，因为我们的心里都住着一位上帝，他的名字叫做仁爱。"

一张
献血单

西迈的爹是下午赶到学院的，这地方很大，高墙内到处都是高楼，院内道路纵横交错，绿树成行。西迈爹一下就傻了眼，打听了许多人，都说不出他儿子在哪座楼，问他儿子是哪个系哪个班的，他也说不出，瞎转悠了好半天，最后想起身上带着儿子的信壳儿，就赶忙找出来问人，费了九牛二虎之力，才找到了西迈上课的地点。

西迈想不到爹会赶到学校，望着满头大汗的爹就埋怨说，您要来就该先写封信来嘛，我也好去接您呀。

西迈爹说，傻儿子，这就不懂了，你去接我还不耽误上课读书吗？

西迈望着一脸认真的爹就笑了。将爹引到自己的寝室安顿下来。西迈同寝室的同学们听说西迈爹来了，很高兴，就合伙凑钱，在馆子里为西迈爹接风。

买单时，一个领头的同学掏钱，西迈爹就说这哪成呢？咋让你们摸荷包呢？你们都是读书的学生，爹妈哪有那么多钱拿给你们？这钱，大叔我出！

同学们就说这不成，我们这里有规矩的，不管哪个同学的亲人来了，同寝室的同学都要为他接风的。

西迈也说爹你就算了吧，您等会儿再出钱吧，饭钱他们出，等会儿我们去卡拉OK厅唱歌，您就开这个钱好了。

西迈爹听大家这么一说，也就不再说什么了。就随同学们去了一家卡拉OK厅。

西迈爹是第一次进卡拉OK厅，这里的一切都让他感到陌生，灯光很暗，茶桌儿很小、摆了茶就没什么空处了，生怕碰翻茶杯，还有不敢抽叶子烟，地下铺了红地毯，怕烟灰抖到地上把它整脏了，室内有机子吹冷风，外边热得让人流汗，里边凉飕飕的，硬是很科学。更科学的是那么几台机子，不知怎么操作，像电影有人和山山水水，音乐一响，同学们对着话筒摇头扭腰一吼，就把歌儿吼出来了！

西迈爹觉着吼得最好听的就数儿子，唱的什么弯弯的月亮，嗓门儿挺清亮的，还吼了什么像香港人唱的歌，听不清爽那词儿，但声音憨好听。

西迈爹觉着儿子是出息了，考进大学脱了农家气，连歌也唱得这么好，真是祖上积了德！西迈爹就由着儿子和同学们直吼得个个脸红筋胀。

就这么着在OK厅里耍了两三个钟头，见同学们都说吼够了，西迈爹就摸出两张10元钞，对着冲茶的姑娘就喊："喂！收茶钱！"

那姑娘就应声往台子里一晃，一会儿就来告诉他："先生，你们这单346元。"

西迈爹脑壳立刻就木了："你说啥？300多块？有这么贵的茶吗？！"

西迈脸一红拉住爹："爹，你别出洋相了，除了茶还要出歌钱的。"西迈爹一愣："什么歌钱？你们出了这么大的力气给他们唱，还倒过来要钱？那些唱戏的，不都唱了收看戏的钱么？"

西迈和同学们就给西迈爹反复解释，最后，西迈爹好像弄了个大半醒，把荷包里的钱全部摸出来，一点，还差十五块。西迈连忙摸出自个身上带的钱凑上交了。

西迈爹不知是怎么走回儿子寝室的，这一夜，他一直大睁着眼没能睡着。

第四天上，西迈爹离开学院走了，走时没告诉儿子。西迈下课回到寝室，发现爹的行李没有了，他叹了口气，愣在那里。他发了一会儿呆，一下躺在床上，觉着枕头下不对劲儿，忙挪开枕头，发现下面放着厚厚一沓钞票，钞票里还夹着一张单子——一张中华人民共和国公民献血单！

奖牌
与生命

　　高速路上，一辆辆汽车戛然而止，混凝土斜坡上挤满了人——一辆无轨电车沉入冰冷而浑浊的埃里温水库中，整整一车的乘客瞬间就被吞没了。

　　就在这时，一个注定要在这场紧张的营救战斗中充当主角的人正从北面朝水坝跑来。他就是速度潜泳世界纪录创造者，曾多次荣获俄罗斯冠军和欧洲冠军的沙瓦尔什。他即将跑完规定的每天20公里长跑路程，同他一起的还有其他运动员和他的胞弟卡莫。

　　冠军看到当时的场面，立刻意识到没有人能比他更胜任，唯独他能潜游到必要的深度，在水下辨明方向并营救遇难者。他边跑边脱下长跑后被汗水湿透的衣服，转眼间，他已出现在冰冷、浑浊的水中，然后足足地吸了一口气，潜入水底。

　　水下能见度很差，被无轨电车掀起的淤泥还没有下沉，可沙瓦尔什却看清了车身的位置。车后面的玻璃窗是最宽的，倘若把它打碎，那就打通了一条救生之路。他紧紧抓住车后的金属挂梯，身子后倾，顶住水流的强大阻力，用两脚猛踹玻璃窗，玻璃毫无声响地被踹碎了。

　　沙瓦尔什游进车厢，肺里的空气已所剩无几，他赶忙抓起离自己最近的一个黑影转身钻出车厢，两腿抵住车顶尽全力一蹬，便急速向水面游去。

　　"我踹碎了玻璃，"他大声说着，然后把人交给了水面上的卡莫，"乘客全失去了知觉。我只能用手往外拖。"

　　两只载着救生人员的救生船和一艘载着运动员的赛艇从两面靠拢过来。沙瓦尔什连吸了3口气，聚起力量，又一次潜入水下。

　　再次上来时，沙瓦尔什猛然听见有人冲他喊："你身上全是血！"他知道那是被玻璃扎破的。但眼下总不能去包扎吧！

　　第7个、第8个、第9个……当他救起第10个遇难者的时候，陡然感到脑袋里"嗡"的一声，眼前仿佛簇簇焰火迸溅。"可能是冻坏了。"他想。是啊，他刚跑完20公里，灼热的身子马上潜入冰冷的水下，何况负荷那么大，时间那么久。他咬紧牙关，把人搂得更紧，竭尽全力摆动两腿。

　　在堤岸上的人群中间，伫立着一位老者。从他握紧的拳头和紧紧抿着的嘴唇可以猜到，他的内心正忍受着难以言表的重压。

　　他两眼凝视着水面，看着自己的两个儿子奋力救人。

　　第15个……

　　第16个……

　　沙瓦尔什不可能相信，从事故发生到现在只不过20分钟。他除了潜水、救人外，什么也没有多想。可是当他浮出水面时，鲜血把水染得越发红了。

救起第19个受难者……冠军又潜入水下。无论他有怎样的肺，这毕竟是人的肺；无论他有怎样的心脏，这毕竟是人的心脏！当他第21次潜水时，他浑身乏力，眼睛已经看不清楚，只是感觉到有人影在黑暗中乱晃。

此刻，他第一次想到，自己是在救他们，还是已经成为他们中间的一员？

深吸一口气沉入水下，这次沙瓦尔什需要敲碎左、右两边的玻璃窗，将钢缆从中穿过……救援的起重机轰隆隆向前奔去，钢缆开始抖动、绷紧、振动，水库里的水翻腾起来，电车的尾部、车顶、最后整个车身露出水面……

而此时沙瓦尔什疲惫不堪地倒在混凝土堤坝上，殷红的血从他身上大大小小被割破的伤口流淌出来。

父亲脱下衬衣，缠住儿子血淋淋的两条腿，又用汗衫包扎他的双臂……几个昼夜：肺炎，高烧，得败血症的危险，严重的病变反应和梦呓，冠军的病情险恶。他安详地躺着，回想在不久前获得的一个又一个胜利时的瞬间，他一遍遍自问："难道这是我吗？"

是的。他从死神手中夺回了20条生命。

沙瓦尔什曾经在体育比赛中赢得130枚熠熠发光的奖牌，但与从死神手中夺回哪怕仅仅一条人命相比，这算得了什么呢？在他身上，冠军的荣耀和生命的光辉交相辉映，无比闪亮！

朋友的
憎恶

　　刘半农是鲁迅的好朋友，他们是在参加《新青年》的编辑会时认识的。鲁迅敬重刘半农的为人，认为他勇敢、活泼，对人真诚，用不着提防。但是，鲁迅也发觉这位朋友有些"浅"。鲁迅拿刘半农与陈独秀、胡适之作了比较，认为刘半农虽然浅，"却如一条清溪"；"如果是烂泥的深渊呢，那就更不如浅一点的好"。谁知这样热情的评论，反而伤了刘半农的心，因为他有自卑情结，他的内心深处其实向往着"深"，哪怕是烂泥也行。

　　1926年，刘半农在民间找到一本无聊的书，叫做《何典》(即"出自何典"之意)，标点印行，并请鲁迅作序。这可使鲁迅为难了，推掉罢，又要得罪人；写罢，实在不好恭维。左思右想，还是答应了。这恐怕是鲁迅一生中写得最艰难的一篇文章了。鲁迅的《题记》肯定了《何典》"在死的鬼画符和鬼打墙中，展示了活的人间相"，但也批评了刘半农"校勘有时稍迁，空格令人气闷"，"士大夫气似乎还太多"。《何典》一书现在在地摊上还买得到，看过之后自然明白鲁迅的苦心与尴尬。

　　但鲁迅的《题记》又一次得罪了刘半农，以后见面，他们几乎无话可说了。鲁迅说："我爱10年前的半农，而憎恶他的近几年；这憎恶是朋友的憎恶。"可见鲁迅毕竟是鲁迅，无论在怎样的尴尬之中，还是既重友情，又不愿撒谎；尤其是这"朋友的憎恶"，令人再也无法企及了。

现在，我们常常读到一些并不怎样的书，前面往往赘有某名人天花乱坠的序，不知这些名人究竟是怎样对待朋友、对待读者的？

可敬的鲁迅的尴尬啊！

为自己
注入珍惜

我有几件古玩，都不是很名贵的，只不过我喜欢它们的古朴造型。尤其是那尊唐代的舞女俑，云髻高缩，蛾眉蚕目，裙衣的皱褶线条流畅，造型优雅，令人赏心悦目，它是一件并不昂贵的出土古董，是一位陕西的朋友赠我的，我把它高高放在我的书架上，伏案疲劳时，抬头赏一眼，歇歇心脑。

时常有喜欢古玩的朋友到我这里来，他们看到那件舞女俑，也十分喜欢，一个个爱不释手，恋恋不舍的样子。于是，便有人问我讨价说："给你一千元，你把它卖给我吧？"我摇摇头拒绝了，我想，他给开出的价已经不算低了，但为了那区区一千元，我怎能忍痛割爱呢？

过了几天，这位朋友又来了，进门就盯住了我书案上的那件陶俑，主动跟我谈起价格："我知道，那件陶俑上次给你开价一千元太低了，这样吧，我今天给你开价五千元，卖给我怎么样？"

我笑着拒绝他说："这不是卖不卖的问题，再说，它怎么能值那么多钱呢？"任他怎么说，我还是婉言拒绝了。

又过了几天，他又来了，进门连茶也顾不得喝一口，就又同我谈起那件陶俑的价格来了，他豪爽地说："这次你也别推辞说卖不卖了，瞧，我给你拿来了一万块，不低了吧？这钱归你了，这件陶俑我现在就带走。"一万块的确是不少了，我自己都不相信这件陶俑竟能值一万元，但作为朋友，我并不想赚他的钱，让他破费一万元却买了个并不昂贵的古玩。另外，我也不喜欢他今天的做派，仗着自己腰里有一万元，就要强买强卖了，我拒绝他说："跟你说过的，这件陶俑根本不值这么多钱，我只是喜欢把玩它，并不指望靠它来赚钱，你出多高的价格，我都不会卖的。"见我这么坚决，朋友只好失望地悻悻走了。

过了几个月，他忽然带着一个人来了，并向我介绍说那人是广州的一个大老板，十分痴迷于古玩，愿意出价十万元买我的陶俑。那人见了我的陶俑，顿时也是赞叹不已，他说十万元现金他已随身带来了，只要我点头同意，我们便可立即成交。看着那位老板码在我茶几上的一大摞钞票，我忙向他解释说："这只是件普通古玩，根本不值那么多钱的。"但凭我怎么解释，朋友和那位广州老板都不相信，他们说："如果不是件宝物，您能这么珍惜它吗？十万元还不乐意出售，那肯定是一件宝物了。"我感到自己没法向他们解释清楚，就挂电话请来了一位对文物研究极有造诣的朋友。朋友看了我的陶俑就笑了说："这是一件很普通的陶俑，最多价值五百元。"

"五百元？"朋友和他带来的广州老板都大吃一惊，他们不相信这件陶俑竟这么地不值钱，我笑着告诉他们说："这是古董专家估的价，现在你们总该相信了吧？"

两个人疑疑惑惑地走了。

我笑他们的痴迷："这两个人，要用十万元来买我这件破陶俑。"研究文物的朋友说："你无意间运用了古董交易的技巧，一件并不贵重的东西，你珍惜它，它就具有价值了，你越珍惜它，在别人看来它的价值就越大。"朋友说，玉和钻石不就是种石头吗？但天下的人都珍惜它，于是一块玉石和钻石就成无价之宝了。

是啊，给石头注入了心灵的珍惜，石头就成了玉石和钻石，给金属注入了心灵的珍惜，金属就成了白银和黄金。

我们自己的东西，就算是一张废纸，只要注入了我们真诚的珍惜，那么有一天它也会价值连城的。

不起眼的失误

　　水鹿到池塘边喝水，是非常危险的一件事，因为水池的四周都埋伏着它的敌人：狮子、野狗、豹子……它们在这里共同等待着水鹿的到来。这样的喝水，对于水鹿每次都有丧命的可能。于是，水鹿万分谨慎，它们先是小心地绕过那些能容狮子藏身的树丛，再躲过野狗藏匿的土坡。只有到了水塘前，左右都是宽敞的开阔地，它们才觉得安全些。这样即使狮子、豹子和野狗出现，也不会比水鹿跑得快。

　　于是，到了水池前的水鹿，便有了相当的把握，此刻它们变得悠然自得，没有防范。但令它们预料不到的是，就在它们悠闲地探下头去，放心大胆地喝水时，却被水下猛然蹿出的鳄鱼拖走——生命丧生在了它们认为最安全的地方。

　　海边的红尾鸭，为了后代们的安全，会把刚刚孵化出来的小鸭藏在石头缝儿里，这样，小鸭便躲过了苍鹰的攻击，相对安全了许多。只是这些石缝又窄又深，最后连红尾鸭自己也无法将小鸭们弄出来。整个夏天，一只大红尾鸭能孵出二十几只小红尾鸭，但真正能存活下来的还不到三只。大多数的小鸭只能躺在深深的石缝里，在太阳的曝晒下渐渐渴死。

水中的青鱼一直以为，躲在芦苇的暗影里是最安全的地方。因此，每当遇到危险，青鱼便会成群结队地扎到有暗影的水下躲藏起来，暗影的深色保护了它们，使它们安全了许多。只是秋天到来，一切便被改变了，青鱼在钻到暗影中寻求保护时，却被暗影吞噬了。原来所谓的水中暗影，正是一群群火烈鸟——它们的天敌张开的翅膀。

在森林里，野猪与豹子相遇，一般会出现两种情况：一种是相互对峙，一种是野猪因为感到危险掉头就跑。多数时候，野猪会选择后者。但事实上，它却完全错了。在野猪与豹子对峙时，野猪并没有危险，再过几分钟，豹子便会被野猪的牙齿与狰狞吓退。但如果野猪扭头就跑，豹子则会在背后将它咬死。野猪真正的危险是来自自己的逃生。

狼发现前边有死去的兔子，往往会忍着饥饿走开，因为狼知道这是猎人的圈套，如果去吃这些兔肉，十有八九会中计。狼是极为聪明的，它们整年都在与猎人周旋，知道猎人的诡计。狼快步走出危险地带，朝着没有人气味的方向走去，谁想，在看似最安全的路段上，狼却掉入了猎人的另一个陷阱。

汽车行驶在几千米高的山道上，拐弯处又急又陡，路旁常会有"山路危险"的牌子作为警示。

但在如此危险的地带，却鲜有出事，这是高山修路者们的总结。然而到了一马平川的山下，平坦宽阔的大路上，车毁人亡的景象却屡见不鲜。

人生亦如此，失误与真正的危险常常毫无关系，我们往往在小河沟里翻船，在不经意间失误，在没有留意中被绊倒，甚至是在不起眼儿的事上被人中伤，在最想不到的时候栽倒……这些时候也许没有遇到真正的危险，甚至我们所处的情况是相对安全、而且还是悠然自得的，但却由于我们意志薄弱、防范疏漏，使这一刻成了人生中真正的危险地带。

配角
父亲

　　我6岁以前的记忆里没有他。13岁以前的记忆里，他的形象完全模糊。

　　他一年365天中有300天都在外面跑，演戏或者找戏演。他偶尔回家一趟，除了递给妈妈一沓钱、吃一顿饭，然后就是躺倒在床上呼呼大睡。我不记得他曾坐下来和妈妈好好说过话，也不记得自己曾坐在他膝上撒过一回娇，他对我的爱就是偶尔回家时带给我一个洋娃娃。

　　我13岁那年，妈妈去世了，匆匆赶回来的父亲涕泪交加，伏在床前叫着妈妈的小名，说自己对不起她，说如果有来生，他决不会再爱上电影。可是，妈妈葬礼结束后，他把我交给大姑抚养，仍然跑去演他的电影。

　　满怀对他的怨气，更多是受妈妈的影响，我不喜欢看电影。他所参演的电影，我硬是一部都不看，也从来不让别人知道自己的爸爸是谁。直到上了中学，我的一位同学偶然间知道了我的爸爸是何许人，当时就大笑起来，说："你居然是他的女儿，一点儿都不像嘛。"我问："怎么不像？"同学老半天才吞吞吐吐地说："你爸爸可是位搞笑天才，可你很少笑。"同学的话让我对他产生了一点儿好奇，我想，银幕上的他到底是什么样子呢？于是，我偷偷跑去看他拍电影。

我不知道正拍着的是什么电影，只见平时一脸严肃、身材不高的他，头发留得老长，嘴上有一绺小胡子，叼着烟，脸上满是痴笑，跟在一群人后面，跳来跳去，挤眉弄眼地说着台词，极为可笑又可鄙的样子。人家喊一声"冲"，他便跑在最前面，然后两群人打起来。他被打得倒在地上，被一双双脚踢着，他在地上滚来滚去，啊啊地叫着……躲在一旁的我再也忍不住，哇的一声哭了起来。演员们都停了下来，他也看到了我，站起身拍拍身上的土，哈哈地朝大家笑着："是我女儿呀。"然后跑过来搂住我说："这是演戏呀，假的，假的……"人家都笑了，觉得这个女孩儿傻得可爱，都来劝慰我，可是我的泪水还是止不住，很快打湿了他的衣襟。

我明白了同学欲言又止的真实意思。那时正是武打片、枪战片盛行的时候，每部片子的男女主人公都是英雄，身手不凡，英俊挺拔，而我的爸爸，在这些电影里却只是个逗人发笑的可怜虫、小丑！我突然想起他有个宝贝箱子，于是趁他不在时翻出来看，我发现那箱子里有他参演的所有电影的海报；有一些电影的录像带；有报纸杂志对电影的评介剪报，甚至还有一些观众来信——信不是写给他的，可不知为何他却收着……如果说面对拍摄现场的他，我是心痛，那么面对他精心收集的这一大箱资料，我感到了说不出的悲哀。

不久，在拍一部枪战片时，他饰演抢匪甲，从飞驰的汽车上被摔下，断了两根肋骨。他回家休养，我们父女俩有了第一次长时间的相处。躺在床上的他，兴高采烈地给我讲拍电影的趣事……他又把那些录像带放来看，说是让我为他找找不足。他演的全是喜剧，却每一部都让我泪流满面。他看着流泪的我笑着说："难道我就这么失败？连自己的女儿都逗不笑。"

我忍了好久才说："爸，别拍电影了。"他拍拍我的头："不演电影，我拿什么供你读书？"他的一句话让我低下了头，他说："不过我拍电影，不只是为了给你挣学费，实际上电影是我的生命，爸爸从骨子里离不开它。你要相信，爸爸不会一辈子当小角色的……"他又说，所有的大明星都是从小配角开始的，而且演员都知道：只有小角色，没有小演员。此时的他，全然不是电影里的模样，眼神是那般的坚毅，神情是那么的庄重，这才是我的爸爸啊，为什么电影上的他不是这样？

虽然仍然不喜欢他拍电影，但我开始记得给他打电话，叮嘱他注意休息，按时吃饭。他回来，我做最好的饭菜迎接他。

只是，他的电影梦真有实现的那一天吗？

记得有一次，他接到一个男三号的角色（所谓的"男三号"就是主要配角吧，可他一定要叫"男三号"），他兴奋地给我打了近半个小时的电话，似乎觉得美好的未来已经显现。我嘴里说着高兴的话，心里却并不兴奋。年岁渐长，我知道了些人世沧桑，与他在一起的一帮人，比他年轻的早就走到了他的前面，他追上他们的希望越来越渺茫。

直到今天，他仍在演着小角色。自从我工作后，他经济上没什么压力了，甚至不太计较报酬的多少。所以，他几乎没有停下来的时候，总是从这个剧组到那个剧组。只要他还能演戏，他的梦想就永远在高飞。

这些年来，我已认同了他的生活，我想对他说：爸，配角总是要有人演，让别人去当红花吧，你是最绿的那一片叶子。

所以现在，我可以坦然地告诉你，电影电视剧中那个一闪而过的黑衣蒙面人，那个被一脚踢飞的"坏蛋"，那个逗你一笑的丑角，你从来不曾记住他的面容与姓名——可他，是我的父亲——今生今世的父亲。

可悲的优点

他7岁时，一天放学的途中，捡回三根包谷秆给母亲，说给家里烧饭用，母亲夸他懂事。班主任知道这件事后，在全班表扬了他。传到校长耳朵里，他就成了全校学生的榜样，捡包谷秆成了全村孩子"勤劳"的统一标准。

孩子没常性，那些学习他的小伙伴很快不捡包谷秆了。但是，把这次表扬当成莫大荣誉的他，却把捡柴变成了终生的爱好——走亲戚回家的路上，要到路边的野山转转瞄瞄，赶集回家时也不会空着手，必捎上几根粗粗的柴火，大年三十，大家都歇了，他却到屋后的山上捡柴去。

他捡回的朽木、枯草、败叶堆在房前屋后，渐渐成为一座座小山。

几十年来，他把附近的树林跑遍了，哪里有棵古树、哪里有个山洞都搞得清清楚楚。

后来，村里通了公路，许多村民开始买煤烧，但他家从来不买。村里的妇女经常骂老公的话就是：你看人家刘良多勤快，哪像你一条懒虫。

55岁时，他爬上一棵松树，企图通过身体的重量把松树拉下地，然后砍下一枝干松枝。但是，由于身体重量不足，松树弯悬在空中。上不能上，下不能下，危在旦夕，正巧遇到邻居将他救下。

69岁时，他外出捡柴两天未归，家人遍寻不见，最后在后山一块巨石下，找到了被砸得面目全非的他。

刘良是贵州某乡村的一个农民，他的一生都与柴火联系在一起。他的这个好习惯始于一场轰轰烈烈的表扬，他将那个被表扬的优点很好地保持了62年，但最终，这个优点却要了他的命。

还有位很有名的作家，为了专心写作，跑到最贫困的乡里，夏天热就赤身泡在水缸里写作，不看电视，不听音乐，什么爱好都没有。他出了15本书，得了很多了不起的大奖，崇拜者众多。结果劳累过度，40多岁就走了。

还有一位年轻干部，能力很强，是个天生的干部坯子。他差不多每三年就要往上升一级，再难管理的单位，只要他一去，要不了多久就被他理顺了。他在单位说一不二，很多人怕他，有的人见了他腿就打战。怕他的人多了，说他的人少了，慢慢的，这种与生俱来的官威让他变得独断专行。现在这个人已经呆在监狱里了。

优点是人性美丽的风景。如果让优点恰到好处地发挥，可以让我们变得可爱、吸引人。但是，如果任优点变成一根绳索，那么，这绳索不仅束缚了我们的人生，最后还可能要了我们的命。

有时，被优点击倒的人比被缺点打垮的人更加可悲。

真正的主角

淑芸跳了十年的舞，却没有一次上过真正的舞台。

剧团本来要垮掉了，但是一台现代舞剧又让它在濒临死亡的边缘线上复活了，只要还有一线生机，这些人都不愿意离开剧团。

淑芸在舞剧里担任主角，虽是主角，却只是一个B角。

大凡一台现代舞剧，主角都分A、B角，B角只有在A角不能出场的情况下才以替补的身份出台，实际上只是一个候补角色。雅莉是跳主角的，又是舞痴，每当有演出她都像吃了鸦片般兴奋，想中途上场替补她一下是不可能的事，观众也未必会答应，说白了，很多观众就是冲她来的，冲她的林黛玉来的。

可是淑芸不愿意总是做B角，淑芸年轻漂亮功底好，她知道她哪里也不比雅莉差，她差的只不过是运气，是机会。

"如果能让我有一次上台的机会，哪怕只有一次，"淑芸恨恨地想，"剧团的历史也将改写了，以后站在舞台上的只会是淑芸，不会有别人！"

可是机会始终没有出现！

淑芸每天都在想，雅莉怎么就不会出点意外呢，哪怕是生一场病也好，淑芸只能寄希望于这些，因为她不指望雅莉会跳不动，她虽然大淑芸好多岁，可是她一到舞台上就年轻了，就光彩了，她这样的状态再跳十年或者二十年都没有问题，可是淑芸不能等她二十年，她决不能等！

机会是人创造出来的，淑芸想。

雅莉每天都是最后一个走出练功房的，她的功底已经无人能敌了，或者淑芸是可以和她相抗衡的，可是她还这样刻苦，这是淑芸不得不佩服的地方。剧团的练功房是老式的木板房，楼梯也是红木板的，踏上去咚咚作响，每天，都是雅莉最后一个人下楼，那时，楼道里已经静悄悄的了，整个剧团空无一人。

淑芸手里提着一壶油的时候，心也在剧烈地跳着，她觉得自己这样做很下作，可是她马上要嫁人了，嫁过去老公就不许她再跳舞，从此她就将彻底告别舞台了。她也曾和团长说过想上一回舞台，团长说，不是我不想换你，可是雅莉在，恐怕任何人也没有机会了。雅莉，怪只怪你太霸道了！想到此，淑芸心一狠，将一壶油尽数倒在了楼板上，她似乎听到隐隐传来了下楼的脚步声，淑芸快速地离开了现场。

第二天，淑芸来到剧团，果然听到雅莉摔伤的事情，团长正在那搓手呢，见到淑芸像见到亲人一样：

"淑芸，你可来了，今天晚上的演出你上，你快去练练吧。"

"不是有雅莉姐吗？"淑芸装着什么也不知道的样子。

"雅莉出事了，你顶上。"团长火烧火燎地说。

淑芸在练功房彩排的时候，团长和一帮人都在看，淑芸憋足了劲把压箱底的功夫都拿出来了，一帮人都看呆了，团长激动地握着淑芸的手说，"淑芸，没想到你跳得这么好，真是太没想到了！"淑芸骄傲地笑了，她似乎看到了自己的辉煌。

晚上演出如期开演，观众陆续进场了，淑芸望着黑压压的观众，心里突然打起了鼓，她觉得自己的腿有些迈不动了，淑芸试着走了下，果然腿打着哆嗦，迈不开步。

"团长！"淑芸惊叫起来。

"怎么了？"

"我，我的腿突然不会走了！"淑芸说。

"不要开玩笑！演出开始了，你就快上场了！"

"团长，我的腿真的不能动了！"淑芸的眼泪大颗大颗地掉了下来。

"这可怎么办？快去请雅莉，快去请雅莉呀！"团长气急败坏地说。

"可是雅莉崴了腿呀！"有人提醒着说，后台已经乱成了一锅粥。

"没事！我能行。"不知什么时候雅莉出现了，她脚上还缠了一道绷带，她本来是来看淑芸表演的，正好赶趟了！

救场如救火！只见雅莉风风火火地换装，准时上了场。

戏台上，雅莉舞姿翩翩，根本看不出脚受伤的样子。

"雅莉不是崴了脚吗？"淑芸小心地问身边的人。

"雅莉没什么事，门卫大妈摔得才惨呢，她上楼去打扫卫生，在楼板上重重地摔了，雅莉是在送她上医院时匆忙中扭了一下，也不知谁那么缺德，在楼梯上洒了好多油。"

淑芸没有再说话，脸迅速地红了，只是夜色中没人看出来。

演出完，雅莉关切地问淑芸的腿，淑芸动了动腿，怪了，双腿又行动自如了。

"可能是太紧张了吧。"雅莉愧疚地说，"都是我太霸道了，如果能让淑芸经常上台，她就不会出现这样的症状了，以后，我俩轮着上场吧。"

淑芸没说什么，第二天，她递交了一份辞职报告给团长，悄悄地离开了剧团，此后淑芸彻底地离开了舞台。

04

B面更精彩

对父亲
的阴谋

那年我16岁，刚上高一。我记得那年的红叶特别红，车在公路上疾驶，我眼望车外，用余光仍能看见爸爸脸上隐隐的兴奋，这让我很不安。

每年秋冬季节的某个星期天，我都会随爸爸去一个叫关门山的医院看望妈妈。那是一家精神病院，每年的秋冬，妈妈基本上一个人在那里度过。

我知道爸爸隐忍的喜悦不是为了妈妈，所以一路上，我窥探着、观察着他。爸爸刚过40岁，背已经驼了，鬓角处的白发像深秋的霜。直到我看见了她，她当时穿着洁白的护士服，盘着一丝不苟的发髻，静悄悄地伫立在我们身后一会儿，然后轻声问爸爸："你刚来吗？"父亲瞬间挺直的背和回首间满脸的阳光，让我一下洞晓了其中的秘密。爸爸郑重向我介绍："这是你妈妈的特护，快叫李阿姨！"她叫李晓芳，对我露出妈妈一样慈爱、温柔的微笑。那时我的妈妈正在面容狰狞地大吼。于是我哭着冲了出去，因为我突然觉得爸爸和妈妈都是一样的可怜。

爸爸上医院看妈妈的次数逐渐多了起来，有时候一周两次，每次他都是打发司机回来，他在那里留宿一晚，这是几年没有出现过的情景了。外公外婆都为妈妈高兴，尤其是妈妈的同事韩齐伯伯，他曾经为了妈妈跟爸爸大吵过，他们都说妈妈这次一定能痊愈。只有我一个人知道，也许这是更大的灾难的开始。妈妈因为病，已经变得多疑善变，如果让她看出点什么来，对妈妈来说是毁灭性的。

国庆长假，我对爸爸说："我们俩一起陪妈妈几天好吗？"爸爸说："那你的功课怎么办？"我坚持着，也许一向温顺的我，脸上的坚决和隐隐的敌意击中了爸爸，他叹了口气，同意了。

在关门山的第一个晚上，妈妈虽然还认不出我们，但是情绪很稳定。爸爸嘱咐我好好做作业，他要出去逛逛。我尾随他和那个李阿姨走进了旁边的树林里，却连冲到他们面前的勇气都没有，只是倚着树，无声地哭……

第二天中午，李阿姨给妈妈打了镇定针，若无其事地走开了。半个小时后，妈妈不但没有安然入睡，反而歇斯底里地乱喊乱叫，甚至张口咬了爸爸的胳膊。妈妈整整折腾了一个下午，直到又到了打镇定针的时间，我眼泪汪汪地乞求李阿姨，让她想想办法，让我妈妈安静下来，她柔声对我说："孩子，没事的，很快就没事的。"

我在她转身走向病房后，拾起了她刚刚扔掉的镇定剂的药瓶，接着惊惶失措地跑向病房……我在她给妈妈注射的刹那，打掉了针管，声色俱厉地斥责她："为什么把我妈妈的镇定剂换成了兴奋剂？"

李阿姨的脸色一下变得煞白。爸爸颤抖着手接过药瓶，在我没来得及看清他的表情前，他反手给了李阿姨一记耳光。那一刻，妈妈出奇安静地呆坐着。

我并没有把这件事情张扬出去，我知道缄默的重要性。像现在，我单单用凌厉的眼神，就让爸爸和李阿姨羞愧不已，他们已经彻底丧失了面对我的勇气。

不久，李阿姨调走了，妈妈换了特护。爸爸好像在这次事件中深刻反省了自己，他并没有因为李阿姨的离去，减少去医院的次数，我越来越相信，妈妈很快就会彻底痊愈的。

以后的岁月里，妈妈再也没有去过那家医院，她的病并没有痊愈，但是好像越来越轻，单纯用药物就能恢复得很好。大学四年我一直在学校寄宿，我很少回家，从电话里听妈妈讲，爸爸工作很忙，她有事会找韩齐伯伯帮忙，我心里不由得萌生出一种复杂的情绪来，也许韩伯伯比爸爸更关心妈妈。

后来毕业了，我留在了省城，几乎每年都接妈妈出来住一段时间。爸爸依然很忙，他经常到离我这儿不远的省水利厅开会，但他好像从来不打算过来看我。

慢慢地我恋爱了，对男女之间的情爱有了更深的体会，爸爸妈妈之间那种淡淡如水的情感让人觉得揪心。我甚至无端揣测：

会不会爸爸还在跟李阿姨藕断丝连，这样的剧情我看过太多。年少时，我渴望家的完整，现在，我懂得了完整背后更大的残缺。

去年冬天，爸爸出了车祸，我一下慌了神，急急地陪着妈妈一起往回赶。我一下想起，从16岁开始，我漠视了他这么多年，心里恐惧到了极点：他不会就这样扔下我，就这样走了吧。那几个日夜，我陪着妈妈哭，陪她一起在医院的走廊里等待，我呆呆地望着手术室红红的灯，我乞求上苍：假如他能平安脱险，我愿意抛弃一切的芥蒂，做他最乖的女儿！

后来，爸爸还是走了。我想：他一句话也没留下，就这样决绝地离开，一定是上天在惩罚我。假如他能再看我一眼，再能说一句话，他说出来的一定是：他从来没有怪过我，他一直爱着我。我在老家待了半个月，每天待在他的书房里，整理他的遗物。我用颤抖的手打开他的日记，上面的细节对我来说，历历在目却让我忍不住失声痛哭：

1996年10月2日，星期三

樱子举着兴奋剂的瓶子冲到我和晓芳面前时，我在那一瞬间打了晓芳一巴掌。那时的我几乎失去了理智，我爱晓芳，恰恰爱她的善良，我知道在妻子生病时和从前的老同学邂逅，而且相恋，是多么不可饶恕，可是我实在压抑太久了，一个精神病人反复无常的纠缠，让我感到窒息。

樱子的举动把我彻底打倒了，我无法相信晓芳的话，我拿了针管里残留的针剂去化验，结果并不是兴奋剂，樱子只是用一个兴奋剂的空瓶子诬陷晓芳，这孩子在用一种特殊的方式捍卫自己的家庭。面对一个孩子的阴谋，我由衷地恐惧，假如我再向前走一步，就会毁了她的一生，即使我有10次生命，我也只愿意给她幸福……

那一刻，我终于明白。10年前，我观察到每天中午即使打了镇静剂，妈妈还是哭闹，于是我就抓住这个契机，用口袋里事先准备好的兴奋剂空瓶诬陷李阿姨。原来那时他和李阿姨就识破了我的诡计，我一直以为他们是害怕被我揭发，才表面上分手了，实际上爸爸却是为了我，任何的情感他都割舍得干干净净了。

有一次，我问妈妈，最初是什么起因让她精神上出了问题。妈妈沉吟了一会儿，却很坦白："那个时候，我跟你爸爸老是吵架，在感情上就很依赖你韩伯伯，虽然并没有出轨，但是我的确爱上了他，他也爱我，他的妻子就跑来跟我大吵大闹，还把我写给他的信贴出来。后来你韩伯伯离了婚又来找我，但是你爸爸仍然不离不弃。但是，你知道女人的心总是跟爱一起走的，所以……"

我如雷轰顶——原来，所有的一切并不是如我想象，爸爸从来没有对我说过妈妈的一句不好，而他也从来没有为自己辩解一句，只是默默忍受着这一切！

我常想，如果没有那次兴奋剂事件，也许爸爸和李阿姨、妈妈和韩伯伯就会拥有他们真正的幸福；如果有了那样的因果变迁，爸爸也许就不会刚50岁就溘然长逝；如果……我不知道每个如果的后面还有多少种结局，但是这一种肯定是我不想要的。每个人的一生里都持有的是一张有去无回的单程车票，所以错了的事，就永远无法再回头。我只能在之后的日子里，慢慢承受着来自于内心深处对自己曾经错误的惩罚……

不含杂质
的16岁

[01]

我想，我是真的喜欢上了一个男孩，轻轻地喜欢，轻轻地仰慕。这种喜欢很轻很轻，像散落的花瓣，风一吹，就干干净净了。我要在睡前轻念他的名字，以免把他遗忘在梦外面。可是这些勇敢的喜欢，被我的自卑一点一点掩埋，最后只剩下小小的一角。所以，他不认识我。

我常常看见他，他好看的眼睛，他好看的头发和他好看的牙齿。我看见过他挠着头做着枯燥的习题，看见过他潇洒地打球，看见过他安静地睡觉。可是，这又怎样呢？我们之间没有故事，没有眼神交流。

他就被我无助地幻化在各种虚拟的故事里，有时是身无分文的艺术家，有时是嚣张冷酷的美少年，有时是温情细腻的白面男孩，我只能这样，让这些缥缈又华丽的邂逅维系我轻得快要飘起来的喜欢。

在每一次看见他的时候，我都在心里默默乞求上天，乞求让他在不经意地抬起眼睛的时候可以瞧见我。每一次看见他，我的心里都蔓延出一些情节，即使是俗不可耐的，都会在心底开出小小的花朵，然后骄傲地绽放。

再然后，花瓣被吹散，只剩下我眼底幽静的湖水。

[02]

我又看见他了，眼前的阳光闪闪亮亮的。他在操场的人群里突兀出来，那么肆无忌惮地突兀出来，没有经过我的允许，就穿透了我的隐形眼镜，倒映在我的眼底。我舍不得眨眼，我怕湖面的涟漪弄坏他颀长的影子。

所以我奋力睁大眼睛，直到涌出泪水。

我自恋地以为，自己一直是高贵的，不会像一只饥饿的猫贪婪地喜欢谁。但是我喜欢上他，我手足无措，只有惶惶地让自己的喜欢少一点，轻一点，我以为我的喜欢已经不露痕迹，可是我的眼底总会有他的影子，心底还会开满香香的花。

[03]

我想我要去喜欢篮球了。

可是你是知道的，我是一直喜欢足球的。喜欢有着金黄鬈发、蔚蓝眼睛的小丑艾马尔，喜欢宽广的绿色足球场。可是我现在要去喜欢篮球了，要去喜欢黑黑的科比，喜欢NBA，要虔诚地站在篮球场边成为那些曾被我嘲笑为花痴的女孩们中的一员。

我想我要去喜欢芦荟味的酸奶了。可是你是知道的，3年来我一直只喝黄桃味的酸奶，但自从那天他咬着一瓶芦荟味酸奶的吸管，眯起眼睛从我教室窗外绵绵的阳光里走过，我就放弃了喝了3年的黄桃味儿酸奶。

因为他眯起眼睛很享受的表情，我认定芦荟味的酸奶才是世界上最好喝的。

我想我的成绩应该更好一点儿了。

可是你是知道的，我的成绩不算差。只是那一天我在走廊的光荣榜上看到了他的名字。那两个字像两条温柔的金鱼，轻盈地浮在上面，荣辱不惊的样子。

我想我如果加油一些，那我的名字就可以微笑着站在他的名字旁边。说不定他那两个字就会注意到我这三个字，然后五个字纠结在一起，再也不分开了。

[04]

我的喜欢越来越不听话了，它像一个发酵的面团，在小小的角落里一点一点膨胀，让我的心都变得鼓鼓的。

终于在期中考试的前一天，我揣着一瓶芦荟味的酸奶和我所有的勇气，走到他的教室门口，第一次叫出了我认为世间最好听的那两个字。那两个字像两个美丽的气泡，滑过我的舌尖，跳到空气中。我看见它们欢欣鼓舞地向他奔去。

他抬起眼睛，迷惑地看了我一眼，走出教室，走向我。

我紧张地垂下眼帘。

"我在隔壁班……我觉得你人不错，又很优秀……我想和你交个朋友。"我一口气说完，声音抖抖的。

"这个啊……"他有点儿为难，"我快毕业了，时间又很紧张……"

"我不会影响你学习的。"我的心蓦地跌落，我快哭出来了。

"那……好吧。"他有些勉强。

我这才放心。

"这个酸奶……给你喝。"我努力地使嘴角上扬，让自己看上去可爱一点。

"谢谢。"他礼貌地接过，走进教室。

我也回到教室坐下，但兴奋得不行。于是我仔细地把刚才简短的对话在心里重复了一遍又一遍，如同品味一颗芬芳的草莓。

[05]

第二天在食堂吃午饭，我远远地就看见他走过来。我的心一下子开满了粉白的接骨木花朵，我觉得很幸福，很温存。

他慢慢地走近了，而且他也看见我了。就在我微笑着要跟他打招呼时，他却突然不自然地别过头，像不认识我一样，目不斜视地擦肩而过。

我清楚地听到白色的接骨木花瓣被风吹散的声音，过后，只留下一地荒芜。

那一餐我吃得很慢，食堂里几乎快没人了，我才起身离开。

后来一连几天我都很少出教室。再后来，因为怕看见他从我身上轻蔑扫过的眼神，所以当他看见我时一定先扭过头；因为怕看见他目不斜视地擦肩而过，所以我先目不斜视。纵使我的心底还是因为喜欢他而开出了的花朵，但我不再表现出来了。我假装自己还是很高贵，假装自己高不可攀，假装什么都没有发生过，假装我们并不认识。

可是一下课我还是习惯性地听着MP3，望着窗外，等他抱着篮球走过。有一次他正走过时，耳边薛凯琪柔柔地轻唱："明知我们隔着个太空……"那时我就在想，我们是真的隔着个太空吧，他那么优秀。

[06]

渐渐地，我也释怀了。现在我依旧带着虔诚的表情去看他打球。只是，站得远远的。

我一点一点明白了，我喜欢他并不是因为他优秀、帅气、潇洒……只是一种感觉，只有他能带给我的感觉；只是喜欢留意他每天穿了什么样的衣服，什么颜色的鞋子，留意他的小动作，留意他水杯上的图案；只是喜欢上了那些因为喜欢他而在心底开放出来的花朵。

因为它们散发着我16岁的芬芳，因为那些芬芳是如此的纯净美好。就像我的16岁，不含一点儿杂质。

泪　花

　　我一直对娘收养弟弟感到十分不满，因为弟弟有些傻气，15岁的人了，还在读小学四年级，其中二年级就读了3年。我只比弟弟大一岁，却已上了高中，还是班长。我便讥笑他："雷子，你真聪明，连读书都是按平方、立方来算。"弟弟听不懂，傻傻地笑。末了，我的脸倏地一变："真是浪费娘的血汗钱！"弟弟这才懂了，闷闷地低下头。当年，我读小学二年级时，一个偶然的机会，我听人说弟弟是娘捡来的。我去问娘，娘脸色大变，非常紧张地问是谁说的，我说村里人说的，不过，我没听得那么清楚，因为村里人见我来了，就闭了嘴。娘气愤地说道："你别听那些人胡说八道，你和雷子都是我十月怀胎，一把屎一把尿拉扯大的，他怎么能是捡的呢？"

　　娘尽管百般解释，弟弟确实是她亲生的，可我已不相信了，因为那时我已有10岁，我有自己的判断力。

　　我读书太成器了，奖状每年都会捧三四张回来，而弟弟不但成了留级大王，而且憨憨的，常常成为别人取笑的对象。当他有次数学考试再度挂零时，老师恨铁不成钢地说："雷子呀，你把长肉的工夫用一点点到学习上，就不是现在这个样子了。"

老师没办法，来家访，并拿着弟弟的"鸭蛋"成绩单求娘："雷子天生不是读书的料，与你家的大儿霆子完全是两个娘生的。你们让雷子辍学吧。我们老师也不容易，他影响我们的升学率啊！"老师又说："他有个好身体，打工是一把好手，世上成功的路不只有读书这一条哩。"

娘黯然问弟弟："雷子，咱认了吧，你个头都比老师高了，还读小学就不行了。"

弟弟闷声闷气地嗯了一声，老师长长地松了一口气。送走老师，我背着娘，狠狠地白了弟弟一眼："难怪你是个抱蛋（捡来的），死笨！"

娘的耳朵却很灵，一个急转身，一个巴掌凌空举起，在将要扇在我脸上时，突然停下手，声音气得变了调："霆子，你别太过分，他是你亲弟弟，你知道……"娘来了一个急刹车，生生地将后半截话咽回去了。我躲过了一顿打，伸了伸舌头，赶紧溜回自己的房间。

说实话，娘很不容易，将我和弟弟拉扯大，不是一般女人能挺过来的。我家靠摆渡为生，自打爹砍柴摔死后，娘就接过了爹的橹，成了河上的女艄公，一直到今天，娘也没想着再嫁人。

弟弟辍学后，陪娘在河上摆渡，以前娘一个人也能干的活儿，现在却是两人干，而生意并没增加，我在高中的学费反而大幅上涨了，如果进入了大学，那学费可更不得了。娘就托人给雷子找了一份活儿，让他去窑炉厂烧瓷砖。弟弟不想去，因为村里曾有一个乡亲在窑炉厂干活时，窑炉忽然爆炸，那乡亲被活埋在里面了，扒出来时，人成了焦炭。无论娘好说歹说，弟弟就是不去，娘无奈地看着我，看得出，娘对送弟出门打工也不是很愿意。我没作声，溜回房间做作业了。到了冬天枯水季节，狭长的河流瘦得像一根细细的琴弦，拉着细细的曲儿，行人抬腿便过了河，渡船只好停摆了。趁娘出去干活时，我突然从房间里窜出来，恨恨地对弟弟说："雷子，你若是读书比我强，我宁愿辍学供你，可你又没长读书那根筋。告诉你，我们说是兄弟，其实你是娘捡的，娘瞒着没用，乡亲们都知道。不是俺娘捡你，你不知死了多少年了。再说那窑炉厂出事故，也是偶然中的偶然，哪能经常碰到？"我语锋咄咄逼人，弟弟害怕了，说："哥，那我、我去！"

　　17岁的弟弟去了几十里外的窑炉厂，每月能挣四五百元钱，我的学杂费一下变得宽裕许多，没了后顾之忧的我，读书更加专心了。2005年夏，我以600多分的优异成绩考上了华中师范大学，家里请客，弟弟特地请假回来，在众人的鼓动下，他犹豫了半天，才憨憨地握着我的手，说："恭喜哥哥考上大学！"我的手却感到一阵生疼，掰开弟弟的手掌一看，那是怎样的一双手掌啊，不但粗糙得像老树皮，而且伤痕累累。我的心一紧，弟弟缩回手，说："没……没事……"

"哥，你放心读，学费有我哩！"弟弟又说。于是我揣着弟弟和娘共同凑的5500元钱，无限风光地到华师报到了。

2006年4月的一天，我突然接到娘打来的电话，弟弟因连续加班而疲劳至极，在窑炉厂出事了——他的左手卷进了传送带，被送进了县医院。

我不寒而栗，请了假，飞一样赶回家。娘坐在弟弟病床前，眼睛肿得像桃子。做了手术的弟弟因打了麻药，尚处于昏睡中，但他的左手截肢到肘关节以上了，鲜血渗出白白的纱布，呈现出刺目的大红。医生说："病人流血太多，至少需要输400毫升血，这对他的身体恢复有极大好处。"我二话不说，撸起袖子说："大夫，抽我的！"娘却将我拉到一边，沉静地说："霆子，事已至此，我不得不说出真相，你和雷子确实不是一个娘生的。"

"啊？"我终于还是暗吃一惊，虽然怀疑这份血缘情，但一直不能肯定，眼下，却被娘亲口证实了。"但是，"娘缓缓地说，"霆子啊，知道吗？雷子才是我亲生的，而你，却是我在船上捡的！真的，你才是我捡的！"这一声，像惊雷，像巨棒，重重打在我脑门子上，我眼前金花四溅，一切都在颠倒旋转。娘说："当年，雷子他爸酒后砍柴摔死后，雷子在娘肚子里已有4个月了，这是他爸唯一的骨血，娘一定要生下来。从那时起，娘就接过了摆渡的橹。那年夏天，河里正涨水，船上来了一个抱着婴儿的妇女，船到河心时，她请我抱一抱孩子，我刚接过来，就听她说，大姐，娃儿叫霆子，今天才半岁，托付给你了，因为我没法活下去……话还没说完，她就跳河了。娘放下娃儿，跟着也跳下去救人，却因为涨水，河水太浑浊，怎么也找不着她，娘只好爬上船。娘却因此着凉而发起了高烧，久久不退，只好打了一针，就是这一针害了娘腹中的雷子，使他先天大脑迟钝。"我惊得捂紧嘴巴，生怕心脏跳出来摔在地上而跌得粉碎，我无法相信自己的听觉，我一直以为自己是娘正宗的传人，我一直以尖酸刻薄的态度对待可怜的弟弟……

不知过了多久，我才想起问娘一句话："娘，你为啥不把我送到福利院呢？你过得也是这样艰难啊！"娘说："因为，你是弃婴，而娘曾经也是弃婴，是雷子的爷爷奶奶收留了娘，视娘如亲闺女，待娘长大后，让娘与雷子他爸成了亲。"

"娘啊！谢谢您，您就是我的再生亲娘！"我抱着娘，声音哽咽。

雷子从昏睡中醒来，看见我，又惊喜又愧疚："哥，对不起，都怪我打瞌睡了，才出了事。"我俯下身，将脸贴在弟弟脸上，痛断肝肠："雷子，是哥将你逼成这样，哥不是东西啊！"

弟弟说："哥，你咋这样说呢？哥，老板那里还有我2900元的工钱没有结，等我伤好了，我再去拿回来，你来年的学费就有一大半了。"这话听得我泪流满面。弟弟看看我，又看看娘，然后怯生生地问娘："娘，我真是捡的吗？我娘怎么不要我呢？"娘摇摇头，看了看弟弟的半截手臂，泪水失控地涌出来："雷子，你和哥哥都是娘生的，上天看着，娘不会撒谎的。"弟弟放心地笑了，又眼巴巴地问我："哥，我都这样了，你将来还会管我吗？"

"管，一管到底，不管你，我就会遭天打雷劈！"我发了一句毒誓，然后抱着弟弟，呜呜哭了，而娘，继续滚着泪，那是良心的泪花……

再见了我的
圣诞老公公

[我们家没有烟囱]

妈妈说，要把袜子放在阳台上，圣诞老公公才看得见，才会送来我期待了一年的礼物。

今天早上，我在广播节目中听到介绍提姆爱伦主演的《圣诞快乐又疯狂》这部电影，不记得电影主要内容是什么了，但是，影评人在最后说："这部片子并没有什么刻骨铭心的震撼内容，但是它的确唤醒了一般人对圣诞老公公的幻想及期待，因此它在美国的票房令人叹为观止。"

圣诞老公公的幻想！从我记忆开始，我每年都会用最可爱的信纸写信给圣诞老人，连同自己亲手洗过的干净袜子一起放在阳台。妈妈告诉我，我们家没有烟囱，圣诞老人不方便走进我们家，所以放在阳台，他才看得见，才找得到，我也才有机会得到礼物。每一年我都收到不同的礼物，造型怪异的巧克力糖、形状可爱的项链、花纹别致的雨伞……收到礼物时那种雀跃的感觉是很难形容的！

[横祸击碎圣诞美梦]

我拿礼物到学校去跟同学现宝，那时候我在学校成绩很好，我一直自认是最乖的小孩，最乖的小孩才收得到圣诞老公公的礼物嘛！我这样想着，得意得不得了，整个人都要飞起来了，孰料，同学们一点都不羡慕我，还一再刺穿我的梦想，他们说，世界上根本没有圣诞老人，只有傻瓜才会相信。

这么说来，我是"傻瓜"！

我开始拿着礼物到处去找百货公司、路旁的精品、礼品店，甚至夜市、天桥上的摊贩，我试图想证明，圣诞老公公送我的礼物是独一无二的，既然在台湾找不到第二个，可见他一定是从其他国家带来的。圣诞老公公的存在就不容置疑了。

这样的想法似乎相当有道理，而我也真的找不到一模一样的巧克力、雨伞、项链……圣诞老人怎么可能不存在？一定是我比较乖，他才只给我礼物，其他的同学不够乖，又有什么资格去怀疑、批评他的存在呢？

那是在我小学六年级那年的12月14日，爸爸脑溢血住院，一下子丧失大部分记忆，连我跟妹妹的名字都叫不出来。我们害怕地大哭了起来，妈妈说，长大以后就要勇敢，不可以随便掉眼泪，但是妈妈自己也哭了。12月向来是最美丽、最令人期待的月份，怎么会发生这种事？

那一年圣诞夜，爸爸回家静养，我们家的圣诞树放在仓库里没有拿出来，我等待的圣诞节被这突来的意外一扫而空，我伤心地写了封好长好长的信给圣诞老公公，我知道他一定会来，一定会看我的信，一定会懂我的心情。那一个圣诞夜，我一样放了袜子及信在阳台上，但我清楚地记得，我是含着泪水入梦的，妹妹妈妈也是。

信被拿走了，可是却没有留下礼物。我开始害怕起来，是不是我这一年的表现不好，圣诞老公公不但不送我礼物，连爸爸的健康也被夺走了。

我没有告诉妈妈，因为她已经为爸爸的事担心着急，我不该再去烦她。

[幻灭是成长的开始]

爸爸的病情在那个圣诞夜之后开始好转，覆盖在记忆区里的血块居然开始慢慢被吸收，头痛的状况好了很多，记忆也逐渐恢复。他的健康拾回了昔日全家的欢笑。

妈妈告诉我，其实以前我收到的圣诞礼物是爸爸托出国的同事去买的，他们两人为了"安全"地把礼物放在阳台上，通常都得等到三更半夜，我跟妹妹发出熟睡的呼吸声后，一个站在房间门口把风，另一个悄悄地、悄悄地去放礼物。

我不相信！我不相信！我明明都会在三更半夜听到轻轻的圣诞铃声，我的礼物真的是圣诞老公公亲自送来的。

隔年，我上了国中，之后的圣诞节，不仅没有礼物，连我写的信也原封不动地摆在袜子边，我知道，圣诞老公公不会再来我们家了。

事隔七年，有一天，我突然想通了，六年级那年的圣诞夜，圣诞老公公送我的礼物是"珍惜"，他要我尝到失去家人健康的痛苦后，更懂得去珍惜拥有的快乐。平日我们总视家人的存在为理所当然，不懂得感激他们为我们付出的一切，甚至稍稍不满就对他们大吼大叫。突然一下子失去他们，那种感觉真是太可怕了！

虽然我收了圣诞老公公好多年的礼物，但我真的没能见到他一面，当面跟他道谢。我不知道他住在哪里，没有办法再写信给他，可是我知道，他一定晓得我心中充满感激。

我真的很想念，想念我的圣诞老公公。

对逝者
的尊重

　　老公的父亲去世了，我参加了一次美国葬礼。与我在国内参加过的几次葬礼来比较的话，那就是：国内葬礼凸现亲人的悲伤，美国葬礼诠释死者的尊严。

　　老公的父亲86岁，生前是个极平凡、极普通的人，一辈子辛苦劳作，养育了5个子女，没有什么值得大书特书的丰功伟绩。

　　得到老人去世的消息，亲朋好友们都闻讯赶来。大家聚集在老人的房子里，回忆往事，翻看照片。女儿深情地说："看，我拿着父亲给我买的芭比娃娃，我的10岁生日礼物，真漂亮。"老友兴奋地说："瞧瞧，多大的鱼！那是我们费了好大的劲儿才钓上来的！打那以后，我再也没有钓过这么大的鱼。"5岁的外孙女也扬着小手说："你们看，这张照片上外公喝醉了，外公一喝醉了酒，对着每一个小孩儿都要叫我的名字呢。"大家都笑开了。

　　他的大儿子、一个孙子以及两个远房的亲戚竟然组成了一支小小的乐队，唱歌的唱歌，弹琴的弹琴，伴奏的伴奏，整个屋子很是热闹。我很不解，偷偷问老公的姐姐："怎么大家不悲伤，反而好像还很高兴？这好像对死者不太尊重吧？"她看着我的眼睛，轻轻地说："我们也十分悲伤，但心中的哀泣不能仅兑现于一种简单的外在仪式。逝者已逝，最好的怀念就是快乐地生活，这才是对逝者最高的尊重和真正的缅怀。你听，他们演奏的都是父亲生前喜欢的乐曲，父亲并没有走远，他永远在我们身边！"我望着她一如秋天湖水般平静深邃的蓝眼睛，望着这并不悲伤的场面，我的心深深地沉浸在一种殷殷的温润和感动中，于是拉着老公也加入了合唱。唱着唱着，我仿佛看见音符漫天飘飞，老人在那远远的云端微笑。

老人去世的第二天，子女们来到殡仪馆，它的英文名字是FuneralHome——"葬礼之家"。推开大门，和我印象中"葬礼之家"应有的灰暗凝重气氛不同，整个装饰以暖色调为主，一个个细节布置得别具匠心，营造出家一样的氛围，很温暖。一个英俊的青年西装革履，领着大家来到一个漂亮的会议室，会议桌上放着水和小点心，空气中弥漫着若有若无的音乐。大家团团坐下，互相介绍之后，开始讨论葬礼要求，选择棺木、仪式过程和公告以及其他一些细节。小伙子态度非常和善，一一记下所有内容，还对着我的中国名字重复读了好几遍。

第三天上午，我们大家去送家庭照片。一下车，我就听到有人在喊我的中国名字，原来是昨天见过的那位青年。他告诉我他练习了好久，因为我的中国名字对他来说实在有点儿拗口。我说："记不住没有关系的。"他严肃地说："那可不行，你们每一个人的名字我都要记住，你们都是逝者的亲人，这是我对老人最起码的尊重。"我听了，打心眼里佩服这种职业素养中所深深渗透的人文关怀。

出殡的头一天，一般会有一个称之为"Wake"的活动，也算是一种交际。主要内容是邀请亲友到来，与死者最后告别，并对死者的家人表示慰问。我们安排在殡仪馆举行。灵堂正前方是被鲜花环绕的老人灵柩，空中垂下两个大大的花环，周边也被大大小小的花篮环绕。大屏幕上不断重复放映着记载家庭历史的照片，老人生前最喜欢的乐曲缓缓流淌，整个灵堂布置得庄严肃穆而温馨。家人、朋友、同事、邻居陆续来到，每一个人衣着都很正式，以示对逝者的尊重。

第四天开追悼会并送葬。众多亲友上台回忆故者在世时令人难忘的片断，绝大多数的回忆内容生动有趣、令人捧腹，台下时常传来阵阵欢笑，他们讲述老人的信仰，老人的虔诚，他的欢笑泪水，喜悦悲辛……大家都沉浸在短暂的美好回忆中，内心充满了愉悦和敬重。我想，人们对死亡并非过于悲伤或感到恐惧，在此用"视死如归"来形容很适合。

最让我感慨的是送葬。灵车行进在最前面，后面跟着亲朋的车，浩浩荡荡一个大车队。车队旁边随行的警察穿着制服、戴着头盔、骑着摩托车威武地开道，每到十字路口，不管是红灯还是绿灯，戴着白手套的手打着手势让其他车辆停下，只有我们的车队畅行无阻。一路上，看到我们的车队通过，过往的车辆都自动停靠在路边，并鸣笛示意，表示对死者的敬意。老公告诉我，虽然素不相识，但生命值得礼赞！遇到这种情况，我们都会鸣笛让行。说这话时，他的脸上平静如水，而我，却分明感觉到，一种神圣和庄严从心底油然升起："生命！生命！即使是微如草芥的生命，在终极都能赢得尊严如斯，又何惧卑微平凡？"

来到墓地，深秋的阳光柔柔地亮着，风来，树儿也轻轻吟唱一支骊歌，牧师念着祈祷词，大家神色安详，庄严地站立，好像只是在送行。棺木被缓缓地放下，手中的鲜花随着泥土纷纷飘落，逝去的灵魂渐渐走远，大地敞开胸怀拥抱着回归的子民，要去一趟一个叫天堂的远方……

一个平凡普通的逝者，也能享有最后的尊严，真好！

感悟
弓道

一学期的弓道课很快就过去了。虽然时间很短，但我却获得了许多弥足珍贵的人生感悟。

2006年9月，年届古稀的日本教育家内藤敬先生，担任了我校体育文化弓道部客座教授，他在我们珠海校区创办的求真弓道馆，两年多时间里培养了近千名中国学生。机缘凑巧，早就希望比较中日两国文化差异的我，上学期报名选修了内藤先生的课。

毕业于早稻田大学教育学部的内藤先生，来华授课之前是全日本高中弓道大会男子团体冠军教练。老人鹤发童颜、慈眉善目，平时举止慢条斯理、静如处子，每个动作都尽显绅士的优雅和大师的高贵风范。他上场示范时，从拿弓、走步到搭箭、拉弦，一招一式犹如京剧中的台步亮相，展示出一种心静如水的意境和对弓道的尊重，看上去就像是在举行某种庄严肃穆的宗教仪式。他解释说，弓道在东瀛是一种比高尔夫球还更贵族的运动，一把好弓折合成人民币要上千块，更因场地、观众等因素的限制，迄今还远不如茶艺、捕花等日本文化那般普及。

由于这位东邻弓道炼士五段的人格魅力，使得我们原本艰辛的课程充满了哲理和趣味。

头两个月锻炼力量和姿势。我每天早上6：30准时赶到馆里参加晨练，脱了鞋进门时必须先鞠躬才能入列，然后单膝跪戴手套，这是不可违反的铁律。内藤先生阐明了其中的深刻含义：弓道起源于中国，古人要学礼、乐、射、御、术、书六艺；在中国传统射箭中，礼数比艺技受推崇，单纯射术精良，还远不能达到道的境界。当然，他也不讳言日本在弓道方面继承得比我们好，已形成一套完整的礼仪和心法。因此，他开设这门课最主要的目的并非单纯授艺，而是想让学生从中养成礼貌的习惯。"因为礼仪不是法律可以强制的，是内心道德规范的自我约束。"

求真弓道馆坐落于半山坡的大草坪上，清晨的空气和大自然的静寂让课堂变得完美。我屏气调息、舒展身体，顿觉心旷神怡、精力充沛。虽然练习基本功过程中，手和脸都被箭划伤过，拉皮筋曾拉到虎口生茧，但心情却万分愉悦。

正式上马时，我因急于求成，每次拉弓时心里总会掺杂很多私心杂念，箭头对准靶子，还没射出就想着一定要命中，自然不能如愿。内藤先生见状指点我："含腰，提弓，运气，让自己的精神专注于箭：上弦要实，拉弓要紧。射出要坚决，射出后就forgotit，不管中不中都要takeiteasy，马上准备下一箭。"

看我尚未完全领会，他又接着告诫我："你的手中要握着弓，但是心中却不能放上箭。"这句宛如禅宗偈语的话，于我如醍醐灌顶：弓道，表现出的是求真的专一与执著，坚持不懈的耐力与沉稳绵延的力量。只有做到心正意诚，心无旁骛，才能收放自如，张弛有度。也就是说，弓开如满月之际要让神盈气满，箭去似流星之时却要顺应自然，无欲无求。老子曾言"虚其心而实其腹"，我想应该是这个道理。

弓道是一件很练定力的事情。内藤先生射箭也不是次次中靶，但从他的神色中从来看不出情绪的起伏和变化，真正是修炼到一念清净、烈焰成池的境界了。他教导我："一箭射出未中靶心，就马上气馁，这样是无法持续放出好箭的。靶心只有一个，箭却有好几支，仿佛生活，目标只有一个，方向却有好几个。如果因为一朝失意就徘徊不前，那无疑就放弃了继续进取的机会了。"

内藤先生考核我们的标准，最重要的是看出勤率，他认为准时到场练习是耐心刻苦的象征。他在指导我的时候常说："不能老想一箭中的，而应该想如何训练才能命中靶心。"这给我很大的触动：现在的年轻人并不缺乏理想，缺的是如何实现理想的方法和毅力。内藤先生几十年如一日枕弓待旦，每天早上4点半起床习箭。可我，只要寒暑假一到，就因精神放松变得慵懒和疲惫了。

上课时一丝不苟的内藤先生，平时也会跟我们一起喝酒吃饭聊天。我就是通过拉家常，才了解到他当年漂洋过海来到中国时，妻子和长子反对，次子却很理解并支持他，家庭会议投票结果为2：2。妻子来过珠海3次，但因为要照顾在日本的母亲，不能长时间陪他。

　　一学期的弓道课转瞬即逝。结束功课时内藤先生赠我一句孔老夫子的名言："射，有似乎君子，失诸正鹄，反求诸其身。"是啊，射箭的道理和君子行道确有相似之处：箭没有射中靶心，应该反过来检查自己。此语我如切如磋，如琢如磨之后，对于自己的读书行事和内心定位，实在受益匪浅。

要善于摆脱
"失败者"的暗示

我毕业于中央音乐学院音乐学系。在音乐学院这样的音乐圣地浸泡了5年。毕业后虽然在北大担任音乐教师，实际上从此就远离了贝多芬的世界。

离开北大去美国读书，硕士学位也与音乐有关，但毕业后还是没有从事音乐。多年来，我有一种难以言说的深深挫败感，总觉得自己是一个失败的音乐家。作为音乐学院高才生的我，甚至很少欣赏音乐，怕唤醒自己学无所用的痛苦。每逢看到自己那些同学们纵横驰骋在乐坛，为中国音乐事业做出很多贡献时，自己心态就会变得相当晦涩，像泰坦尼克号一样，迅速沉到冰冷的海底。

这个心态，一直维持并折磨我到1996年左右。直到一个偶然的契机，才彻底解除了我对自己的精神折磨，解放了我的心灵。

我记得当时刚刚从加拿大回到新东方，刚刚启动了我为新东方学生做出国咨询的事业。一天，我读到美国《时代周刊》里面，一篇关于辛普森民事诉讼案败诉的报道——被称之为世纪审判的辛普森杀妻案。在此前的刑事诉讼案中，辛普森被无罪释放，但在稍后的民事诉讼案中，辛普森却被两个律师扳倒，被判要为其前妻死亡负责，赔款数百万美元。这个判决，给美国主流民意带来极大的振奋，给了这场美国司法大戏一个闪光的落幕。

《时代周刊》在讲述打赢了这个官司的两位大律师事迹时，有这样一段记述：这两位律师，在读法学院之前，本科专业一个学的是音乐，一个攻的是戏剧。杂志写道：意识到靠音乐、戏剧难以谋生，他们分别进入了法学院，并在后来几年里分别成为律师……

读到这段话，我眼前立即云开雾散、阳光如注！我立即想到了自己。瞧，我这个俗人！居然为自己改行而内疚！既然这两个放弃了音乐、戏剧的人改行从事法律也能成为震惊世界的大律师，为社会做这样杰出的贡献，我这个暂时还没有出名的"伟大人物"，何必为自己没有从事音乐而郁闷自卑？郁闷自卑不可能伟大，奋起直追才有希望成功。我连这一点心态都没有，那我怎么可能拥有想拥有的东西？

放弃本科专业不是问题，问题在于你是否找到了值得你投入全部力量的新的奋斗领域！问题在于你在这个领域里做得怎样！问题在于你是否享受你所改行的事业！

是的，确实就是在这一瞬间，我从心灵深处，破解了囚禁我很多年自己给自己安上的"失败音乐家"的咒语，释放了自己心灵深处自信自爱的涌泉，使之滚滚喷出激情创业的激流。我曾对天发誓，要在自己从事的这个领域里，做出和莫扎特、贝多芬、肖斯塔柯维奇、普罗科菲耶夫同样伟大的成绩来。事实上我已经在教育咨询这个崭新的行业里成为据说是全国有名的"花腔男高音"。这有什么不好呢？

时代巨变、职场巨变、人生机会也瞬息万变。以不变应万变——不变的是自己追求成功的意识和意志，应变的是自己发现机会、适应机会、捕捉机会以及咬定机会的能力。这是21世纪人才奋斗成功最最重要的要素，也是企业、组织、民族、国家乃至整个世界繁荣发展的基本教义。

说什么蓝海战略、长尾理论，在这些说法出笼之前，我就随机应变、激流勇转、给自己开辟出了一片滔滔蓝海了……这一切的起点，都来自于我善于摆脱"失败者"暗示、在残酷的现实挑战面前总是能够自我调节、努力适应、多看光明、求胜好斗的美丽心态！

别切掉
她的梦想

温丝莱特是一个美丽的英国小姑娘。她有着一头金黄色的卷发，粉嫩的脸蛋，长长的睫毛，一双又大又圆的蓝眼睛忽闪忽闪的，嗓音甜美，笑靥如花。街区的人都亲切地称她为"雷丁市的安琪儿"。

雷丁市是伯克郡的一个辖区，那里一年四季气候宜人，花木茂盛，风景如画，因而经常有外地人搬来定居。

这年春天，温丝莱特家的左邻新来了一位老妇人。老人一头银白头发，满脸皱纹，身体看上去还很硬朗。

几天之后，大家注意到，老人是一个人居住。她显得非常孤单，总是一个人外出散步，或是到附近商店购物，或是在门前的躺椅上晒太阳。她甚至连一只宠物都没有。大人们都很忙，他们顾不上跟老人打招呼、交流，没有人愿意为她耽误宝贵的时间而在她家门前驻足片刻。

老妇人却吸引了温丝莱特的注意，因为她跟老妇人一样的孤寂，多少有一点同病相怜的味道。温丝莱特的父母都是职业演员，忙碌是他们的生活常态。每天放学做完作业以后，温丝莱特就会去老太太那里，和她玩一会儿。她给老妇人讲幼儿园的趣事，老妇人给她讲好听的童话故事。尤其是周末，老少两人更是长时间待在一起。

老妇人叫珍妮芙太太。她是一个孀妇，无儿无女，只有一个侄子。

因为温丝莱特，珍妮芙太太感到这个春天异常明媚。温丝莱特也有同感。

好几个周末，她们一道在门外的空地上种花：风信子，郁金香……春天里飘荡着她们的欢笑。累出满头大汗，珍妮芙太太就打来温水，在小院里明晃晃的阳光底下给温丝莱特洗头。

在这样温暖的时光里，珍妮芙太太问起温丝莱特长大后最想做什么。温丝莱特毫不犹豫地回答，她要成为大明星，拿奥斯卡大奖，不做父母那样的一般演员。

在早春种下的花草开始卖弄风姿的时候，不如意也悄然降临。温丝莱特的脖子上长出了一个肿块，足有鸽蛋大小。着急的父母把她送到伯克郡最好的医院治疗。

医生的结论是那是一个肿瘤，不过是良性的，尚处在早期，只要动一下手术就解决问题了。不过，主刀医生的手术排得太满，温丝莱特的手术要在下一周进行。

温丝莱特回到自己的家中。她变得沉默，因为她害怕手术。她不愿意去幼儿园，也不再去珍妮芙太太那儿玩了。

珍妮芙太太知道了这一切。一个黄昏，她来到了温丝莱特的家。她问了关于手术的一些情况，摸摸温丝莱特的头，鼓励她要坚强。

温丝莱特默默地听着，一声不吭。最后，珍妮芙太太急得涨红了脸，她用愠怒的语调教训了温丝莱特："你真是一个胆小鬼！"之后就扔下温丝莱特走了。

接下来的两天，珍妮芙太太再也没有来过。温丝莱特有点儿想她了，可是，珍妮芙太太的家门一直紧闭。她会到哪里去呢？温丝莱特好想见到老太太，告诉她，自己不再害怕手术了。

温丝莱特的手术很成功。她在医院疗养了一周后，回到了自己的家。

可是，她依然没有见到珍妮芙太太。那扇门依然紧闭着，院子前的花草开始打蔫。温丝莱特一边为那些植物浇水，一边猜测老太太的去向。

两天后的傍晚，温丝莱特放学回家后，欣喜地发现，珍妮芙太太的家门敞开着！她三步并作两步跑进去。

可是，她没有见到珍妮芙太太。在房间忙着收拾东西的是一个男人，仔细一看，竟是马休医生——她手术时的主刀医生。

马休医生微笑了一下。温丝莱特狐疑地问："您怎么会到这里来？"马休医生说他是珍妮芙太太的侄子。

于是温丝莱特急切地问珍妮芙太太到哪儿去了。

马休医生的眼神黯淡下来，他轻声说道："她去世了！"

温丝莱特小小的心房如何承受得了如此可怕的消息，两行泪水"刷"地流出来。

马休医生轻轻搂着温丝莱特，一边抚摩着她的头，一边向地讲述了一切。

原来，当珍妮芙太太得知是自己的侄子为温丝莱特主刀后，便赶往伯克郡，找到了马休。她向马休建议：一定要按颈部皮肤的纹路横向切口。因为温丝莱特脖子上的肿块是竖着长的，马休原本的方案是纵向切口，那样手术难度最低，风险最小，所以他显出了为难的样子。可姑妈不依不饶非要他改变方案。

马休问姑妈为什么要提这个要求。于是珍妮芙太太给他讲了温丝莱特想做大明星的梦想，她说："如果刀口是纵向切的，那么将来就会留下一道醒目的疤痕，她的梦想也就被这一刀给割掉了。横着切呢，伤口愈合后可能就看不出来了。"

马休医生答应了。可就在次日，珍妮芙太太在回雷丁市的路上不幸遭遇了车祸。

温丝莱特听着，哭成了泪人……

时光的脚步永不停歇，转眼，温丝莱特出落成了一个亭亭玉立的美丽女孩。她顺利地成为一名演员，星运亨通。凭借世纪之作《泰坦尼克号》中女主角罗丝这一角色，她和莱奥纳多·迪卡普里奥的合作创造了电影史上的一个神话；此后，她又在2009年一举夺得第81届奥斯卡影后的桂冠。

温丝莱特多次提到童年往事，她说："如果没有珍妮芙太太贴心的爱和支持，也就没有今天的凯特·温丝莱特！"

B面
更精彩

时间是1859年6月24日，忽然间，他置身于一个山顶，俯瞰着山下被染红的平原。

拿破仑的军队正在与奥地利的军队激战，而亨利·杜南特此时就在山上他的马车里目睹着一切。

军号嘹亮，枪声大作，炮声隆隆，双方的军队激烈厮杀着，亨利被眼前的景象惊呆了，他看见尘埃满天，他听见伤者的尖叫，他看见血流成河，伤兵在地上奄奄一息，眼前的景象惨不忍睹。

亨利并不真的想待在这里，这只是他的一次商业旅行，他正准备与拿破仑三世商议在瑞士和法国之间开展金融业务，因为在路上他耽搁了一些时间，所以碰巧亲眼目睹了这惊心动魄的一幕。

亨利在山上看到的一切给了他深刻的印象，战斗刚结束，他立即进入那个小镇，他看见所有的房子都倒塌了，伤兵、死亡涌现在眼前。亨利伤心不已，他决定在这个小镇多呆几天，他想尽自己的能力去安慰那些年轻的士兵们。

他意识到，他再也不能像过去那样生活了。阻止战争的愿望强烈地驱使着他，亨利·杜南特的选择最终会使他失去蒸蒸日上的银行业务和他所拥有的一切，也许此时声名显赫的他会因为自己的选择最终默默无闻地死在一个阴暗的不为人知的救济院里。

但是今天我们记住了亨利的名字，在1901年，他是第一个获得诺贝尔和平奖的人，我们铭记着他，因为是他创建了国际红十字会。

在1859年的那一天，亨利·杜南特的人生第一幕谢幕了，而人生精彩的第二幕则演绎到他的生命尽头。

很多人的一生都可以分为第一幕和第二幕，亨利·杜南特的前半生，受到商业成功、名望、权利和永不满足的欲望驱使，而后半生，激励他的是爱、怜悯和阻止可怕战争的信念。

成功地扮演了
女王的角色

　　结婚时，约翰和珍妮满怀激情地接管了一个老农场。岁月流逝，他们最初的梦想随之化为泡影。约翰回家的时间越来越晚，而珍妮把大部分时间用在干活上。没过多久，他们的生活变成了漫无目的的挣扎。

　　一个炎热的下午，珍妮正准备把几筐西红柿装到货车上，一位打扮入时的妇女突然出现在家门口。她虽不年轻，但看起来很漂亮，一种干净、优雅的气息围绕着她。

　　可怜的珍妮形容枯槁，面带倦色，眼神里没有一丝生气。一件白棉布衣服皱巴巴地裹在她身上，上面污渍斑斑。

　　陌生女人微笑着说："你好，我和丈夫把车停在你家门口，我来是想买几个苹果。"

　　珍妮勉强地说："请进来坐吧，我去园里摘一些。"

　　陌生女人说："我能和你一起去吗？我喜欢摘苹果。"

　　"好吧，如果你不怕脏的话。"

　　沿着坑洼泥泞的小路，珍妮带领着陌生女人向果园走去。她从来没有像今天这样注意到周围混乱嘈杂的环境。进了果园，她从栅栏边拽过一架梯子，靠在苹果树上放好。

陌生女人喊了起来："你别搬！太重了！我自己在地上拣几个好了。"

珍妮说："重？你指梯子吗？我刚才搬了几筐西红柿，现在感觉梯子轻多了。"

陌生女人说："可这是男人的活啊！"

珍妮气得变了脸色："说得对！不过你没有资格这么说，你根本不懂得什么叫工作！"

陌生女人忙说："对不起，我的话惹恼了你。虽然我们并不认识，但如果你能告诉我事情的始末，或许我可以帮助你。不如我们坐下来聊一会儿吧！"

珍妮阴沉着脸说："没有什么好说的，我们的钱总不够花。亨利警告说，如果我们再不付钱，他就会关掉我们的店门。抵押贷款就要到期了，我确信他不会续借给我们。不是我做的不够，我一直卖力地工作着。看看我这脸，你难道不觉得我有50岁了吗？"

陌生女人说："你觉得你这样做是在帮助你丈夫吗？男人是挑剔的动物，尤其是丈夫。他们既希望我们节约，又希望我们穿得漂亮；既希望我们努力工作，又希望我们保持年轻美貌。有时他们也不知道自己真正想要的是什么，因此我们必须学会选择。我们婚后不久，丈夫决定开一家小店，我帮丈夫在店里打理一切。每当疲惫的一天过去，家里一片狼藉，吃饭也变得匆匆忙忙。我们吵架的次数越来越多。最终，我决定待在家里，让他独自处理店里的事务。我把家里打扫得干干净净，使它看起来温馨而舒适。每天他还是面色呆滞地回家，但吃过饭后，我就在整洁、温馨的卧室向他叙述一天的趣闻。我能感受到他的变化，每天傍晚，他会重拾勇气；每天早上，他做好迎接挑战的准备。最终他成功了。"

珍妮没有说话，用一种怀疑的眼神打量着这位客人。

"从前有一位女王，她的统治陷入了危机。每当国家濒于战争，人们痛苦地四处逃散时，女王就会穿上自己华丽的服装带领臣子们去打猎。当人们看到她轻松地驾车经过时，大家就会重拾对国家的信心。女王用这样的方法化解了一次又一次的危机。"

"我就像这位女王。每当丈夫的事业遭遇重创或者他失去了斗争的勇气时，我就会穿上自己最美丽的衣服，做一桌最可口的饭菜。这样做很有效果，你要知道，女人的天职，就是去扮演那位女王。"

陌生女人走后，珍妮的脑子一片混乱，她对陌生女人刚才说的话感到莫名的愤怒。

"说得倒容易！女王根本不用干活。选择？我没有选择！我要一直卖力地干下去……"

突然，珍妮停住脚步。陌生女人忘了带走她的手帕。手帕清新的香气让珍妮联想起美好的事物：夏日黄昏的花园，洒满月光的卧室……或许她应该试一下陌生女人的方法，或许她应该把时间用在家里，放弃外面的工作。

不知哪来的勇气，珍妮对自己说："也许我疯了，但我要尝试一下！"

她梳理了一下头发，换了双新鞋子，穿上精致的衣服，然后带着熊熊燃烧的激情，开始对付厨房里的凌乱。下午4点左右，屋子里恢复了整洁。接下来是晚餐，她准备了油炸火腿汉堡和苹果酱小甜饼。冲动使她把一块不舍得用的白桌布铺好。

当亨利到来时，第一盘香喷喷的面包已经出炉了。恐惧一下子充满了珍妮的内心：他的到来只为了一件事。珍妮微微发抖，不知该怎么办。陌生女人的话又一次在她的耳边响起："从前有一位女王……"

珍妮诚恳地说："你好啊，亨利先生，快请进来！"

亨利不好意思地说："哦……我来只是想和约翰商量点事。"

珍妮说："进来吧！约翰很快就会回家，你们可以边吃边聊。晚饭已经准备好了。"

亨利说："哦，不，我只是想同他聊会儿天，然后去其他地方。"

珍妮说："你还没有尝过我用黄油和蜂蜜烤的小甜饼呢！不要客气。"

亨利只好进来，坐在整洁的厨房里。他仔细地打量着厨房的每一个细节。

"亨利先生，最近怎么样？"

"哦，很一般。你们呢？"

"很好。前些日子有些艰难，不过我相信困难很快就会过去。我们将尽快支付来年的按揭贷款。"

亨利说："哦，很好。我很想看到约翰在自己的这片土地上获得成功。但是男人应该小心地投资……哦，现在，我很高兴你们的事业有了起色。"

珍妮那颗悬着的心这才落了下来。

这时，约翰出现在厨房门口，他茫然地看着眼前的一幕——珍妮挨着洁净的餐桌，同亨利愉快地交谈，而亨利那张冷峻的面孔似乎被什么东西融化了。约翰天生的沉默性格使他很好地保持了镇定。他没有说话，只是简单地同亨利握了手，然后一同坐下品尝风味极佳的晚餐。享用着美食，气氛变得越来越融洽。吃饱后，亨利尴尬地把话题引到自己此行的目的上。

珍妮忙说："约翰，我告诉他困难已经过去，我们的日子会越来越好，我们马上就会付清贷款。约翰，你说对吗？"

约翰有点头晕。他刚和从前的"冤家"共进晚餐，而珍妮的眼神中充满令人惊异的自信。约翰说："是的，亨利先生，我们很快就会甩掉包袱，如果你能继续抵押贷款的话。"

一切都进行得很顺利。亨利收回了合同，夫妇俩给了他一个热忱的送别。珍妮清理着餐桌，约翰激动得不知如何是好。最终他拿出笔说："今晚我要好好计划一下。我突然觉得，如果多用些脑子，进步会更快！"

珍妮洗了两个苹果放在约翰的工作台上。约翰笑了笑说："我很高兴……你今天看起来真漂亮。"珍妮羞得两颊绯红，说："开始你的工作吧！"

或许陌生女人说得对，约翰最需要的不是她的辛勤劳作。

珍妮走到户外，放眼温柔的黑夜，一丝甜蜜的气息从她身上散发出来。她想告诉那个陌生女人，她已经成功地扮演了女王的角色。

05

请别吝啬
你的一声喝彩

请不要
告诉她

　　辛小寒在我们那一届的学生里，是最骄傲的女生。她当然有值得炫耀，且被男生们追捧的资本：歌声婉转，文字清丽，容貌秀美，着装时尚，这在当年我们那个有些封闭的小城，几乎算得上前卫。

　　高中毕业前的最后一年，辛小寒再一次给我们的记忆留下了色泽斑斓的印痕。上一届的理科状元，在毕业一年后，依然无法忘记辛小寒，一次次逃课回来找她。他站在我们教室旁边的走廊里，一连待了整整一个星期，辛小寒都固执地不与他说一句话。最后，这位曾让我们所有低年级女生为之疯狂的师兄，在辛小寒又一次走到教室门口的时候，伸出双臂，将她截住。都以为辛小寒会在许多人的围观和暧昧的起哄声里，朝他发脾气，却没有想到，她只是冷漠地斜斜瞥他一眼，便一低头，从他的臂下，进了教室。辛小寒，她低下的是头，但却让所有人，都看到了她在纷至沓来的爱情里，天生的优越和高傲。而这样的不屑与鄙薄，是比任何的浪漫和风情，更让我们这些青涩平淡的小女生，觉到尖锐的疼痛和感伤的。

高中毕业后，只读了专科的辛小寒，不愿在外闯荡，便听从父母的安排，回到我们小城，做了一名普通的文员。她的爱情，依然是繁花似锦，摇曳多姿。最终，她在父母的强迫下，嫁给了小城一个有钱的商人。只不过是做了两年的商人妇，辛小寒便迅速地离了婚。只因为，在一次校友的聚会上，她又遇到了当年那位苦苦追求她的理科状元。那时的他，已经是上海一家公司的部门经理，褪去年少时的莽撞和浮华，他，竟然有了同龄人里许多男人都无法相比的成熟与睿智。如一枚银杏果，昔日的风雨历练，终于成就了今日的芬芳，让那些曾经忽略他的女子，需要抬头仰视，方可以窥到他的光华。辛小寒终于抵挡不住他强力照射的魅力，果敢地结束了索然无味的婚姻，而倾身于功成名就的追求者。

可是，辛小寒却忘了，在她最美丽的时候，她曾怎样无情地伤害了他的自尊。而今，他风光无限，她，在他的眼里，却不过是个小城里离过婚的褪色女子。与更新鲜饱满的花儿相比，她的颓败，已是近在眼前。所以，任是她一次次地跑去上海找他，他都不复当年的爱与激情。辛小寒，这朵无人敢采的带刺的玫瑰，纵使自己将刺一一地拔掉，也终于没有了先前馥郁的芳香。

那一年，不知是不是因为辛小寒，我们突然热切地渴盼一次聚会。聚会设在小城一家档次较高的酒店里。组织聚会的同学，在我们大家的嘱咐里，打了许多次电话，终于将辛小寒请了来。

我们曾经无法确切地得知，十年是怎样的一个时间概念，是辛小寒，让我们突然地明白，原来，十年，就是将一个漫不经心的少女，变成一个身材微胖、皮肤粗糙又一脸憔悴的妇人的过程。那一顿饭，当年许多被辛小寒遮掩了光芒的同学，皆吃得兴味盎然，似乎心内的一块石头，被瞬间搬了去，呼吸，一下子畅通无阻，幸福的花儿，也得意绽放。

在我们闹哄哄要合影的间隙里，辛小寒就默默走掉了。在一个卖小饰品的小摊前，我又遇到了她。她弯着腰，很仔细地挑选那些蒙了灰尘的丝巾和手链。我突然地走过去，将一条淡紫的丝巾，扯下来递给她，轻声说：小寒，你戴这一条，会美的。曾经代表了我年少时对一个女子最高梦想的辛小寒，终于在这句话里，蹲下身去，大声地哭泣。

我知道辛小寒的哭声，是想让每一个聚会的人知道，如果她落魄，请不要告诉她。可是，我们还是如此残忍地，将赤裸难堪的生活，这样揭露给她。

失而复得

　　火树伯终于决定上台北，年纪大了，一个人过其实早就习惯，只是他那个病，还是早点治疗的好，等将来病到躺在床上不能动，还得有人把屎把尿，谁有耐性理他这个糟老头子？

　　儿子和媳妇在电话里表示欢迎，但是火树也知道他们心里一定挺为难，连来接他也没空。火树把他存着的那一百万元老本都带着，到时候他也用不着求他们，凡事但靠自己。当然，不是他认为儿女势利，只是朋友的例子看多了。

　　火树带着一个简单的旅行包，里头就是几件衣服、一把雨伞、一点零嘴、带给孙子们的小玩意儿。再来，就是他那只茶壶。他挺喜欢那只壶，用来泡茶的，但是现在另有秘密。火树左右望了望，好像他心里想什么也会给旁边的人知道似的，他把那一百万元藏在茶壶里。

　　现在世风日下，每天在报纸上都能看到强盗杀人土匪打劫，这一趟弄得他胆战心惊，夜里也睡不好觉，现在坐在火车上，火树还是不敢合眼，那个旅行包也是紧紧地抱在胸前。

　　"你那个包要不要放在上头啊？"坐在火树旁边的欧巴桑

说，"这样抱着你不累啊？"

火树本想说一点也不累，他爱抱多久就抱多久，但是继而一想，死抱着这个包等于是此地无银三百两，人家都知道里头藏着什么稀世宝贝。于是火树不情愿地站起来，把旅行袋放向上头的置物架。

"你到哪里啊？"欧巴桑问。

"到台北，"火树说，"看我儿子。"

"我也是看我女儿，"欧巴桑说，"我一个星期去两次，在桃园……你儿子在做什么啊？"

火树没答话，他一直在注意他那个包。外头下雨了，车窗变得雾蒙蒙。乘客慢慢多起来。火树想问问旁边的欧巴桑，火车现在开到哪里，一转头，发现欧巴桑不知什么时候睡着了。

车厢轻微地摇晃，低低的震动声音令火树也有了睡意。火树决定小睡一下，他站起来，想把他那个包拿下来。但坐在靠走道的火树，一起身便碰着欧巴桑的头，欧巴桑突然醒过来，被火树吓了一跳："你要干吗？"

火树不好意思说出因为想睡觉，要抱着他那个包。"我要去厕所。"火树说着便顺势往洗手间走过去。

才走几步，火树想起忘了让欧巴桑看着他那个包，本想走回去，想想又不妥，还是作罢。上完厕所，火树走回座位。不料这一下可吓坏了火树，包不见了！欧巴桑也不见了！

火车这时正靠站，火树想，一定是欧巴桑拿了他的包跑了！铃声响起来，火车快要开了，火树匆匆忙忙地冲下车，差点给车门夹住。

下了车，火树找遍火车站也没看见欧巴桑的踪影，这时候他发现才到台中，欧巴桑方才说要到桃园。

火树想一想，突然明白，上完厕所以后出来走错了方向，他是跑到另外一个车厢去了。欧巴桑和火树那个包，此刻好端端地在火车上旅行哩！

火树向人借了一个铜板打电话，让他儿子来接他。

"怎么回事？下错站啊？"火树的儿子赶来时，气急败坏地说，"不是要你注意听车上的广播吗？没听见也可以问人啊！"

火树低着头，眼泪差点掉下来。

"我得找我那个包。"火树说。

"几件衣服、一把雨伞、一些吃的，还有给小孙们的东西……"火树说。

火树的儿子不耐烦地摇摇头："回去再说，我先带你回去。"

"还有一个茶壶啊！"火树在后头喊，"还有茶壶！"

火树本想到了台北，给儿子媳妇买点礼物，他们本来一直说不需要，恐怕是乡下的东西他们嫌土。回了儿子家，虽然尽量不打扰儿子媳妇的生活，儿子媳妇也没露出什么不满或嫌弃，但是火树是个累赘多余倒是明明白白的了。

"我这次来是想好好检查一下身体……"火树说。

"我知道，有空我一定会带你去。"火树的儿子说。

"我自己去也行……"

火树在台北待着难过，想到他那个茶壶，好几次偷偷地在房间里哭，有时他还觉得不如一死了之。一会儿想想，钱财乃身外之物，何必呢！过了半个月，火树还是决定回乡下。

病也没看，身体也没检查，火树就这样回到老家。没几天，有人来拜访他，就是那个车上的欧巴桑，把他那个包送回来了。

"看你看得那么紧，里头是什么宝贝吧？"欧巴桑说。

火树打开那个茶壶，笑得合不拢嘴。

特别的偷车贼

"啥——？"小王放下记录本，眼睛正视着老王，"你再说一遍？"

"小刚考上中学，得骑车上学。"老王几乎不好意思了。

"我知道你小上学！"小王拍了下本子，有些严厉地说，"你少打哈哈！上学跟你偷车有啥关系？捡关键的说！"

天方夜谭！这年头儿，还有人买不起自行车？

小王点了点本子，说："那样吧，也不让你说动机了。你就直接说吧，'家'里还有多少人？都是谁？"小王说到"家"时，故意咬得很重。他想老王要是再不明白，就是装糊涂了。

"有小、小他娘，还有俺娘。"老王一本正经地答道。

小王"啪"地扔下本子，怒不可遏。指着老王的鼻子，腔有点变了："行！你行！我不跟你磨，一会儿回来，我让你死个明白！"

小王撂下老王，转身出去了。

来到院子里，小王看见有几个人在那里晃。小王看那几个人眼熟，一问，原来是那几个打电话报警的，是老王偷车的目击证人。

为首的一个开口说："同志，有个情况得反映一下。"

"说吧，什么情况？"

"那个偷车的，跟别的贼不太一样。我们想了想，觉得还是给你汇报一下。"

"哪地方不一样？"

"别的偷车贼，偷车时手里都拿着工具，用特制的工具捅开钥匙，骑上就走。可这个贼却是搬起车子走。想想看，闹市区呀！即便我们几个没看见，别人会看不见、会不怀疑？"

"哦？"小王被他们提供的情报弄得有点迷糊。

小王回到审讯室，老王耷拉着脑袋靠在暖气片上，像快要睡着了。

小王决定，先把老王关起来，然后拉上同事小李，到老王家里进行一次例行调查。

老王的家在离城17公里的马庄桥乡。走进老王家里，小王和小李惊呆了。

老王的家在两栋平房之间，一面墙是人家的西山，一面墙是人家的东山。两面墙中间加盖了个预制板顶，砌了前后墙，安个门，就成了"家"。

小王他们进去时，看到一个十一二岁的孩子正趴在凳子上写作业。小王想，这大概就是老王的"小"了。

小王问"小"："你爸爸干啥去了？"

"小"抬眼忽然看见两个警察叔叔，有些惊异。"小"老老实实地说："进城买车子去了。"

　　"什么时间走的？"

　　"昨天下午，快该回来了。"

　　说着话，外面进来个女人。女人进来一看这阵势，惊得呆住了，她像意识到些什么，竭力掩饰内心的不安，颤声问："同志，有事？"

　　"没事，没事。"小王连忙说，"查户籍的，要搞人口普查了。"

　　女人长出了一口气。

　　小王装模作样地问："你们家几口人？"

　　"四口。我，他，他爸，还有他奶奶。"说着，用手往里一指。小王和小李这才发现，里面幽暗的角落里，一张小竹床上面还躺个人！

　　"他爸爸到城里干什么去了？"

　　"买自行车去了，小考上重点了，得骑车去上。"

　　"哦……"

　　"小"听见了他们的对话，抬起头，很难为情地冲小王笑笑，继续低头做他的作业。

　　"孩子什么时候开学？"

　　"快了，没几天了。小，啥时候开学来着？""小"又抬头报了一个数字，小王算了算，距离现在还有十天。

从老王家出来，小王一路没说话，心里被一种东西壅塞着。

老王提前结束拘留出来了，比规定日期早了6天；在拘留的9天里，小王给老王的村支书打过一次电话，请他转告老王家，老王正在给市公安局出义务工。

"小"临开学的前一天，老王坐着派出所的警车，带着大家凑的钱物，提前在村口下了车。警车的后备厢盖儿没盖严，因为，里面躺着一辆崭新的自行车。

老王推着车，慢慢朝村里走。他不时地回头挥手，眼睛里，有晶莹的东西在闪动。

与自己斗气

这是一条狭长的街道。道路的两旁，各留着20厘米左右的花圃带，里面依稀长着些杂草、营养不良的月季。我摘下一片叶子，在手指间把叶子柄转了又转，还是没有勇气去敲你的门。

姨婆，10年的时间，我还是积攒不够勇气来见你。1991年初春的贵州阴冷潮湿，我们一家三口坐着绿色车皮的火车来到你所在的这座南方城市，充满了忐忑和期待。

最重要的一点是缺钱。这真是个令人难以启齿的话题。在你家的客厅里，看到父亲局促地将双手拼命揉搓，我坐立难安。

果然，父亲酝酿了半天说，姨妈，小真的学费还没有凑齐，能不能先借我们两百元？

1991年铁路小学二年级的学费，加上借读费，一共是194元。

你木着脸坐在那里喝茶。这是我第一次看到你，也是唯一一次。你60多岁的样子，齐耳短发，淡蓝色袍子，平底皮鞋，眼里流露出足够的轻蔑。你没有借钱给我们，淡淡地说，怎么不早几天来呢，钱刚放到银行里存了定期。我跟在父亲身后，即将跨出你家院子的大门时，听到你对我父亲说，忠义，女孩不会有出息的。

我回过头看你，满眼惊恐。"不会出息"四个字，犹如巫婆嘴里的诅咒，太过沉重。

2001年，我瞒着父母，揣着大学录取通知书，又一次来找你。

我要见到你，告诉你，我考上大学了，我不是个没有出息的人。可是我依然没有勇气进来，如同之前的那几次一样。1991年的年末，我拿着双百分的成绩单来过这里。那是我第一次偷偷来到这里，但我没有进来。1993年11月，我拿着全国小学奥林匹克数学竞赛一等奖的证书来过这里，依旧瞒着我的父母，但我还是不敢进来。

1994年，1997年……我统共得过哪些奖，我都记得。每有一个小小成就，我就鼓足勇气来找你，但我始终没有见到你。到后来我就明白了我的目的，我仅仅是在赌气，同一个我只见过一面的亲人赌气，我要向她证明，我会有出息，没有她的资助，我依然会有出息。

大学快要毕业的时候，母亲不远千里打电话来问我，有邻居介绍了一个男孩子给我，家里条件不错，小真你要不要考虑一下？

我骇笑。母亲不了解我，她与父亲一样，不懂这么多年我为什么不肯去姨婆家拜年，不懂我为什么要在大学写稿赚钱，不懂我整天忙些什么。他们虽然已经离开故乡很久了，却与那里的爷爷奶奶并没有什么两样，女孩子大了，就是结婚生孩子，知足常乐。

不不，我要的不是这样的生活。如果真的是这样，我会永远底气不足，永远无法坦然来找你。我不想自己永远以自卑的姿态出现在你的面前。

在那一瞬间我忽然明白过来，原来我并不是为了与你斗气才固执了这么多年，我是要与我熟悉的生活作斗争，是要与流淌在我血管里的那些懒惰、自卑、知足常乐的因子作斗争。

或许有一天我会有足够的勇气去找你，轻描淡写地说起以前的事。或许我还可以跟你说句玩笑，姨婆，借点钱不算难，但还好，你没有借给我。

你真是个好人

蒙蒙细雨下了一个晚上，黎明中，一位中年男人招停我的出租车，还没等到我把车停稳，那人就一把拉开了车门，慌里慌张地说："师傅，快快，到省医院。帮帮忙吧，下来帮帮忙把她抬上来。"我一惊，只见对面逆行车道上躺着一辆摩托车，旁边还躺着一个女人，满头满脸血污躺在混着汽油的血泊里。不由分说，他抱头我抱脚抬起伤者。

"师傅您不知道，从出事到现在有两三个小时了，拦了多少辆车了，可人家都怕人死在自家车上，任我给人家下跪，谁都不拉。我媳妇今天要是能救活，这命就是您给的。"中年男人哭哭啼啼叨叨了一大堆。

我一路上加大油门，奔向省医院，此时人流车流多了起来。警察也开始执勤上岗，车速被迫慢下来许多。车后一声紧似一声的呼唤，揪紧我的心。眼瞅着车到十字路口信号灯变黄。我冲了过去，能听到身后大吼大叫。车又到了另一个路口，虽是绿灯，但是老远警察就要我停车。很显然，他们已经用对讲机通了话。停车解释警察也会网开一面，但要耽搁时间，我索性踩紧油门按紧喇叭，紧擦着警察呼啸而过。

很快，我听见车后的警笛声。不好，巡警骑着摩托车追了上来，指着我大声地喊："停车，停车，否则后果自负！"我大声地冲他们喊道："我车上有伤员，快不行了，我这是为救人，回头我找你们去。"

他们隔着车窗看到了车里，狠狠地瞪了我一眼，把摩托车径直开到我的前面，拉响警笛。他们是在为我们开道，顿时，我的泪水禁不住夺眶而出。在警车的带领下，没几分钟就到了医院，急诊室门口已站了医生，还没等车停稳，他们就把奄奄一息的女人抬进了急诊室。

男人从口袋里掏出一把钱，就往我手里塞，我挡了回去："大哥，你现在是最需要用钱的时候，我这里就算了。"那人一下子把我紧紧抱住，哽咽着说："兄弟，您可真是个好人。"又转身冲身边的警察说："还有你们两位，我怎么谢你们呢，你们可真是大好人呀。"

我从车里拿出我的驾驶证，递给两位警察："对不起了，您二位看着罚吧。"两位警察相互看了一眼，一位突然手一扬，朝我胸脯上擂了一拳，说："赶明儿咱俩换换，我替你开出租车，你来当人民警察吧。"说完他两相视一笑，骑上摩托车走了。

无尽的师爱

一天我走进教室，年轻的实习老师正在擦黑板。这时一个小机灵鬼跑过来对她说：老师，让我来擦。

实习老师摇摇头说，有很多粉笔灰的，你吸进去对身体不好。孩子说，对你也不好的呀！我听了心里暗暗高兴，多懂事的孩子啊！实习老师说，可是你的肺子嫩呀！孩子若有所思地走开了。

我笑着对实习老师说，你真是个细心人，这么懂得关心孩子，难怪他们一下子就喜欢上你了。

实习老师不好意思地说，学校虽然没有这样要求过，但我心里一直有一个美丽的背影，常常影响我。她给我讲了一个故事——

"在骑岸初中读书的时候，有一位教语文的曹老师，她是个极爱干净的人，但下课后，她总要自己把黑板擦好了才走。有一次她走进教室，看见满讲台的粉笔灰，皱皱眉头，拿起鸡毛掸子、慢慢地转过身来，走到讲台前面，背对着我们，一边轻轻地掸着灰尘，一边说，你们的肺子嫩啊。

"我们当时都很感动。以后，只要讲台上有粉笔灰，她总要转过身去掸。也许是因为这个原因吧，我们上她的课特别守纪律。

"一晃好几年过去了，曹老师在课上讲了些什么，我的印象也不深了，但是她微微佝偻的背影却一直留在我的心里。我觉得那是世界上最美丽的背影。"

在实习老师轻声的描述里，一位老老师就这样以一个默默的背影诠释着无尽的师爱。

请别吝啬
你的一声喝彩

　　美国医学博士弗雷德·丁·爱泼斯坦，是纽约大学医疗中心儿童神经外科主任，世界上第一流的脑外科权威之一。他曾首创了不少高难度外科手术——包括切除脊柱和脑血管上的肿瘤（在他以前，这两种肿瘤都被认为是无法开刀的）。然而，令人难以置信的是，这样的一位卓有成就者，在校求学时，却曾是一名有着严重学习障碍的学生。

　　爱泼斯坦博士在他的回忆录《我曾是智障者》一文里，讲述了自己的求学经历，他最不能忘怀的是他上五年级时遇到的一位名叫赫伯特·默非的老师。

　　由于生理原因，爱泼斯坦博士遭遇了严重的学习障碍，尽管他尽了自己最大的努力，可仍不断遭受挫折和失败，他自认为比别人"笨"，就意志消沉，并开始装病逃学。默非老师没有因爱泼斯坦的"笨"而轻视他，相反，还满腔热情地鼓励他。有一天课后，老师将一张考卷递给他，那上面的答案都错了，"我知道你都懂得这些题目，为什么我们不再来一次呢"，老师说，并挨个问考卷上的试题让他回答，爱泼斯坦每答完一道题，他都微笑着说："答得对！你很聪明，我知道你其实懂得这些题目。我相信你的成绩会好起来的。"他还一边说一边把每个题目都打上钩。

默非老师在爱泼斯坦的成长中起了多大作用我们无法估量。有一点可以肯定，如果换一个老师，只知指责爱泼斯坦不努力，或者干脆把他视为差生，斥为"蠢笨"，也许，未来的医学奇才就夭折在他的手里了。正是赫伯特·默非老师的赞扬和鼓励，激发了爱泼斯坦的信心，他才告别了绝望，倔强地与命运抗争，不再认输，不再懈怠，终于完成了正常人也不容易完成的学业，成为医学博士。

"你很聪明，我知道你其实懂得这些题目。"这样一句喝彩的话，却扬起了一位少年的奋进之帆。喝彩能驱除消沉者心灵的阴霾，使他们看到生活的美丽，看到希望的绚烂；能消融自卑者心灵的雾障，使他们信心百倍勇气陡增。一次小小的喝彩，甚至改变人的一生！

黑格尔在《生活的哲学》里讲述了这样一则故事：一个被执行死刑的青年在赴刑场时，围观的人群中有个老太太突然冒出一句："看，他那金色的头发多么漂亮迷人！"那个即将告别人世的青年闻听此言，朝老太太的方向深深地鞠了一个躬，含着泪大声说："如果周围多一些像您这样的人，我也不会有今天。"青年死刑犯的话令人深思。一个人老是生活在别人的指责、轻视甚至鄙夷里，往往要么心灵泯灭自甘平庸；要么心灵变态仇视他人和社会！而富有爱心的人饱含善意的喝彩，则能引导人走上人生的正途。

也许就是你的一次小小的喝彩，世界就多了一份亮丽！

半杯水

德国汉堡大学的考古学家曼斯坦教授一行6人组成了考察队，深入神秘的纳米布沙漠腹地进行考察。经过五天的跋涉后，考察队到达了目的地，又经过三天的考察，他们踏上了归程。

回程的第二天中午，曼斯坦教授一行人遇到了沙尘暴。在躲避的时候，他们的骆驼因为受惊四散逃走了，而考察队所携带的水与食物却还在骆驼身上！

失去了生命之源的人们，被一阵阵绝望啃噬着惊慌的心。突然，向导在一块岩石下边发现了一只羊皮水囊，显然，这是骆驼在奔跑的过程中滑落的。曼斯坦教授拿过水囊，以不可抗拒的口吻命令道："我是队长，从今天起，由我决定水的分配。我保证，只要大家服从指挥，就都能活着走出沙漠！"

曼斯坦从水囊中倒出一杯水，命令道，"为了节约用水，我每次只能从里面倒出一杯水，每个人只能喝两小口，谁也不能多喝。"

杯子最先递到了向导手里，他极其慎重地喝了第一口水，然后足足停了一分钟，才又喝上一小口，那样子宛如在品尝世界上最醇美的甘露。杯子就这样一轮轮传下去。最后传到曼斯坦手中，他只轻轻地抿了一小口，然后将杯中剩下的一点点水倒回水囊里。

沙漠里的气温白天高达40摄氏度以上，太阳像一顶烧得发烫的钢盔扣在大家头上。因干渴而暴躁到了极点的队员安格猛地冲过来，要抢那只水囊。"砰！"枪响了，一颗子弹射在了安格脚前的沙地上。安格怔住了，他没有想到曼斯坦真的会开枪，只好悻悻回到了队伍中。

回程的第五天下午，队伍遇到了两个穿越沙漠的商人。和考察队一样，两天前的那场沙尘暴卷走了他们的全部生活用品，由于过度缺水他们已近于虚脱，只有水才能挽救他们的生命。可是曼斯坦肩上水囊中的水不多了，他陷入了两难境地……

终于，曼斯坦解下水囊，准备救这两个商人。早已被干渴折磨得快要发疯的安格再也忍无可忍，声嘶力竭地叫喊："不许用水，这水是我们的！"其他人也不同意在此时救这两个人。

"谁敢上来！"曼斯坦只好再次举起了手枪……

两个商人得救了，也加入到回程的考察队伍中。因为水已经不够了，曼斯坦对队员说："从今天开始，除了特殊原因，谁也不能再动里面的水了！"而这次，没有人再提出异议了。

这天下午，向导发现了一片干旱的灌木丛，不禁惊喜地叫道："我们离莱瓦特城只有一天多的路程了！我们就要得救了！"一直萎靡不振的队伍顿时有了生机。这时，曼斯坦突然摔倒了，安格忙跑过去扶住了他。曼斯坦将手枪递给安格，声音颤抖着嘱咐他：
"我恐怕……要不行了，你接替我……保管好水囊，记住……一定要带领大家走出沙漠……"接着，他又用低低的声音在安格耳边说了什么后，就倒在安格怀里静静地闭上了眼睛。

掩埋了队长后，人们强忍着心中的悲痛继续上路了。临时担任代理队长的安格背着水囊，依旧走在队伍的最后。途中安格一直拒绝着每个人提出的喝水请求，执著地守护着水囊。

整整用了七天，考察队历尽艰辛终于看到了莱瓦特城外碧绿的绿洲，人们不禁欢呼雀跃起来。直到这时，安格也没有让大家喝过一次水，有人指责他太苛刻无情。安格什么也没有说，只是流着泪打开了水囊，将水囊口朝下，一堆黄沙被倒了出来。

原来，那天早晨，大家喝光了那多半杯水后，水囊里就空无一滴了。曼斯坦教授趁众人不注意，悄悄装进了一些沙子，所以看上去依然像有水的样子……

化悲痛
为力量

　　能够成为吴青教授的学生是我在北京外国语大学最幸运的经历，而她授予我们的第一堂课更使我终生难忘。

　　我们的第一堂课排在3月2日，谁知3月1日，从报纸上一行冰冷的触目惊心的文字中，我们惊悉冰心老人与世长辞的噩耗。吴青老师还能照常给我们上课吗？早就听闻吴青老师与母亲感情很深，承受着刻骨切肤的丧母之痛，她是不会来了。

　　带着种种的猜测与疑惑，我们仍然准时坐在教室里。11点整，一个娇小但挺拔的身影走进了教室，平静的面容，平静得让我们发现不了什么，唯有她左臂上的黑纱刺痛了我们的眼睛，刺痛了我们的心。

　　是她，是吴青老师！

　　刚才还有说话声的教室顿时鸦雀无声。吴青老师从容地环视了一下四周，开始自我介绍。她声若洪钟，字正腔圆，那流利而纯正的美国英语令我们一下子为之折服，羡慕不已。接着，她就上课纪律、教室卫生等向我们提了几点要求，然后缓缓问道："你们能承诺吗？"我们齐声回答："我承诺。"她用略带赞许的目光望着我们说："既然你们承诺，那就没有任何理由做不到。因为作为一个人，最重要的就是诚实。"

因为这学期口语采用了新课本，吴青老师对课本进行了详尽的介绍。生动活泼的形式，不经意间流露的幽默感感染了我们。于会心处她与我们一同爽朗地开怀大笑。听着她如同行云流水的讲述，我们几乎忘记了冰心老人的辞世。

介绍完课文，这堂课也临近尾声，吴青老师收敛起笑容，神色变得凝重起来："大家都已知道了我母亲去世的消息，我绝不会因为母亲的离去而耽误工作，我们家的传统就是'人走了，但生活还是要继续'。当年我父亲吴文藻去世时也是如此。我母亲坚信'有了爱便有了一切'，她热爱孩子，对青年人寄予厚望……"

透过朦胧了双眼的泪花，我仿佛看到冰心老人也站在我们的讲台上。这位老人非常平静地看待生死，曾说出"人间的葬礼是天上的婚筵"这般通透豁达、大彻大悟的话来，吴青老师能够把悲痛化为力量，不正源自她母亲的精神吗？

谈到动情处，吴青老师禁不住哽咽了，忽然间老师仿佛记起了什么似的，抬腕一看表，重又微笑着说："这堂课结束了，刚刚一席话耽误了大家吃饭，对不起了。记住离开教室时随手关灯，下课。"

吴青老师走了，可我们还是默默地坐在教室里，坐了很久很久。

送饭的
父亲

去图书馆还书。

烈日当头，从单位到图书馆虽不过百米远，也走得满头大汗。

走近图书馆大门，立即感到丝丝凉气扑面而来，忽听有人喊我的名字。回头一看，图书馆楼前的树阴下，站着一个眼熟的人，细看，认出来了，不是二虎吗。二虎是我老家隔壁村庄的，也是我小学时的同学，早几年就来城里打工了，做架子工，从一个工地，到另一个工地。一次，二虎上我们家玩，一走进小区，二虎就激动不已，原来，我们那个小区，也是二虎他们做的。二虎感慨说，看看这楼，真亲切。

我迎过去，问二虎，在这干啥呢？

二虎提提手里拎着的饭盒，说给娃送午饭呢。这小子今天一定是看书看糊涂了，忘记时间了，到现在也没出来。

一放暑假，二虎就将儿子从老家接了过来，父子俩快两年没见面了。二虎用手撸撸头上的汗，说，这几天太阳太辣，我租的那个棚子跟火炉似的，实在呆不下去了，我就想了个主意，让娃每天到图书馆来看看书，中午我从工地食堂打好饭，给他送来。

说好了12点准时在门口见面的，这小子到现在还没出来，我都等他半个时辰了。

我问二虎，那你怎么不进去找他呢？

二虎不好意思地低下了头，"你看我这个样子，进去不大好吧。每次我都是在外面等儿子的。"我这才注意他的穿着，脖子上挂个安全帽，脸晒得黑得发紫；衬衫破了几个洞，沾满了灰尘和干涸的水泥，已经看不出当初的颜色；脚上穿着一双如今很难见到的解放鞋，鞋帮子都撑开了……也是，他这副形象，确实与图书馆的氛围不大协调。二虎看看我手里的书，唯唯诺诺地问，"你是要进去吧？如果看见我家小子，帮我喊一声，告诉他我在门口等他呢，好不好？我还要急着赶回工地呢。"

在少儿阅览室，我找到了坐在角落里埋头翻杂志的二虎儿子，不知道为什么，在众多的城里孩子中，我一眼就看到了他，他的身上，带着山里孩子特有的气息。

我轻轻碰碰他，说，"你爸爸在门外等你呢。"

他猛醒，红着脸，向图书馆大门外跑去。

透过图书馆干净的落地玻璃，我看见二虎和他的儿子，蹲在树阴下，埋头吃了起来。二虎的儿子很快吃好了饭，向图书馆走来。二虎目送儿子跨进图书馆，然后，蹬上自行车，消失在正午的阳光中。

有些路无人
能替你走

那年，我考上了镇上的初中，我是我们那个数百人的小村里第一个考上初中的人。学校没有宿舍，同学们全是走读生——每天一早到校，天黑回家。要命的是，我们村到学校有十五多里路，其间要经过好几片坟地，小小的我对鬼魂迷信又怕，一个人白天都不敢走，更甭说起早贪黑了。

去学校报到后的第二天凌晨四点，我就被喊醒了，洗漱、吃饭、收拾文具后，天仍是漆黑一团。我磨蹭着不敢出门，用求救的目光看着父亲。母亲也说："要不，你送送孩儿吧，别吓着他了。"但父亲的话中没有丝毫通融的余地："不行，男孩子家，有什么好怕的！快走吧，要不就迟到了。"没想到一贯那么疼爱我的父亲现在变得这么不近人情！我强忍着就要夺眶而出的泪水，一跺脚，走了出去。

渺无人烟的小道上，只有夜风不时吹到我的脸上。我紧张极了，紧盯着手电照在地上那一圈圆圆的光，不敢向四处看，怕魑魅魍魉会突然近前。走过那几处坟地时，更是大气也不敢出，硬拖着微颤的双腿疾步而过。一路上，我额上的虚汗都没有干过，心中充满了对父亲的怨恨，决心今后再也不求他了。

终于走到了镇上，天也微微透出点儿亮光。我长出了口气，想回头再看看身后那条被我征服了的路，却发现父亲正站在我身后不远处，正准备转身往回走。见我扭头，父亲很慈爱地笑笑，说："瞧，你一个人不也走过来了吗？记住，有些路你不得不走！"

打那以后，父亲就再没有接送过我。初中三年，每天往返三十多里，都被我硬生生地走了过来。后来，每当遇到不得不做而又有些发憷的事情时，我都会想起父亲那句"有些路你不得不走"的话来。因为，正像我上学时独自走的夜路，那是没人能代替你，而你又别无选择的，犹豫、退缩只能徒增痛苦，却于事无补，而毅然决断，往往会使道路豁然开朗，走出一番新天地来。

记住，有些路你不得不走。

激动人心
的比赛

在棒球场上，最受人瞩目、最激动人心的时刻无疑是运动员击出一记本垒打，而贝贝·鲁思是美国职业棒球大联盟历史上第一位一个赛季打出30支本垒打的选手。之后，他又接连创造了一个赛季40支、50支本垒打的纪录。1927年，他更是不可思议地创造了一个赛季60支本垒打的"外星人"成绩，使得他自己的本垒打数量竟然占到大联盟本垒打总数量的14％。在他整个棒球生涯中，他击出的本垒打高达714个。然而，在他人生的最后一场职业比赛中，他却上演了一场糟糕至极的比赛。

那一场是他的告别赛，他作为勇敢者队的主力队员对阵辛辛那提红队。在他挥杆之前，人们已经隐隐感到，往日威风八面、灵巧敏捷的贝贝已经不复存在。他先是不太自信地摩挲了一下他的球杆，当投球手将球投掷过来的时候，他竟然没有丝毫反应，甚至连挥动球杆的意识都没有。第二球依然如此，第三球仍然如此！这位曾经创造过无数次辉煌的棒球天王，被三振出局了。对任何一位球员来说，被三振出局都是最没有面子也最令人沮丧的事，更何况他是巨星，尤其是他连一次挥杆都没有。贝贝·鲁思神情黯然、失魂落魄地向运动员休息区走去，观众的倒彩声和嘘声越来越大，最后响彻整个场地。这时，一个小男孩跳过场地边的栏杆向贝贝跑来。小男孩泪流满面，失声痛哭，在即将靠近他心目中的大英雄时，小男孩跌倒了。没有片刻犹豫，贝贝·鲁思连忙弯下腰，将小男孩扶了起来，并将小男孩搂进自己的怀抱，柔声地开导着他，一遍遍为他拭去脸上的泪花，在他的背上亲切地拍打着、抚慰着。

看台上的嘘声越来越小，很快整个运动场都安静了下来，寂静得如同空无一人。在这短短的时间内，球迷们看到了两个英雄：一位是正经历着最大失意的棒球天才，他将自己的烦恼抛到一边，全身心地安抚、关爱着一个陌生的小男孩；另一个就是这个小男孩，一位与他毫不相干的球员的失意，竟然令他悲伤至此。他没有像成人那样发出嘘声，而是以他纯真的童心，真挚的情感去分担他的偶像的失落和悲伤。两位英雄，用他们真诚无私的爱心融化了所有观众的心。

这才是棒球场上最激动人心的"本垒打"。

人生掌握在
自己的选择中

[比起聪明来，更难得的是善良]

　　10岁那年的夏天，我跟着祖父母去了他们德克萨斯州的农场。祖父母是房车俱乐部成员，俱乐部的朋友们要一起开车环游美国和加拿大，我跟祖父母也加入了进来。旅途中，祖父当司机，我蜷缩在车的后座上，祖母在副驾驶的位置上吸烟。

　　那时候的我热衷于做算术，一路上我计算汽油的消耗，留意买食物花费的每一分钱。我依稀记得一个禁烟广告，广告上说每吸一口烟，人就会减寿两分钟。于是，我开始给祖母算她吸烟带来的后果。我估算了祖母每天吸多少支烟，每支烟要吸多少口等等。等我得出一个数字时，我把头伸向祖母，双手按着她的肩膀大声说："吸一口烟少活两分钟，吸烟已经耗掉你生命中的9年时间了。"

　　接下来发生的事情，我记忆犹新。我原本以为祖父母会夸赞我的聪明和算术技巧。但是，事情不像我想的那样，祖母突然一下哭了起来！我无助地坐在汽车后座，不知道该怎么办。经过一段长长的沉默之后，祖父把车停了下来。他下车，打开了后车门，让我跟他出去。我的祖父是一个儒雅睿智的长者，从来没有对我发过火。祖父盯着我，一直沉默，这让我心里很是不安。过了一会儿，他平静地对我说："杰夫，终有一天，你会明白，比起聪明来，更难得的是善良。"

[选择比天赋更重要]

聪明是一种天赋，善良是一种选择。拥有一项天赋容易——因为上帝已经赋予你了；做出一次选择就很难。人很容易被天赋所迷惑，从而影响自己的选择。

16年前，我创立了"亚马逊"。那时候，网络的使用量正以每年23倍的速度增长，建立一个拥有百万图书的网上书店，成了我的最大愿望。那时的我已过而立之年，结婚也满一年了，我告诉妻子麦克肯伊说，我想放弃现在的工作，去完成这件近乎疯狂的事情。此前，曾有人做过类似尝试，但是都没成功。

后来，我去了纽约的一家财务公司工作，老板是一个很让人尊敬的人。我向他吐露了自己要建立一个网上书店的想法。老板听完我的想法之后，认真地对我说："这的确是个好主意，但是我觉得这个理想对于一个没有工作的人来说更容易实现。"接下来的48小时，我做出了最后的决定，离开了这家公司。与其一直怀揣理想而不敢践行，还不如勇往直前，败亦无憾。我对自己的这次选择充满骄傲。

明天，你的人生真正开始由自己书写了。你们会怎样运用自己的天赋？会做出怎样的选择？

你是会循规蹈矩，还是追随内心？你会墨守成规，还是勇于创新？你会选择安逸，还是选择冒险？你会屈服于现实，还是会义无反顾？你会卖弄精明，还是选择善良？

在这里，我斗胆预测：当你年过八旬，安静地回忆起年轻时的种种，其中最饱满和最有意义的一定是你人生中的一系列选择。人生掌握在自己的选择中，愿你们把人生路走好。

歌剧院里的
美好记忆

　　在维也纳，随处可见学生的身影。马路上总见踩着脚踏车的年轻身影呼啸而过；多瑙河边天气一好，常常看见学生在河边的草坪上野餐，兴致一到就在不通航的河道里游泳，水中的身体如同矫健的鱼；国家图书馆后面的大草坪上，也常常坐着出来晒太阳说笑的学生，或坐或躺，说不尽的潇洒和快活；遍布街头的大小咖啡馆、博物馆、剧院、音乐厅，更是从来少不了学生们的足迹。

　　维也纳对学生素来慷慨，有这么一条规矩：各大音乐厅和剧院开演前半个小时，凭有效的学生证，可以用半价购下还在出售的任何演出票。无论是300欧元的歌剧票，还是30欧元的剧场票，都一视同仁。

　　我不懂德语，没有在维也纳买过戏票，倒是和朋友一起买过几场音乐会的门票，演出的质量和付出的票钱，至今一想起就恨不得两肋生翼再飞回去。但给我的穷学生生涯带来最美好回忆的地方，是位于市政公园边上的国家歌剧院。

　　"staatsoper"，对德语一窍不通的我，发出这个单词，始终觉得有一种甜美感。歌剧院初建于19世纪中叶，二战中被炸得面目全非，但是当1945年战争结束，维也纳人很快决定，用盟国提供的援建资金，修复歌剧院。战后的奥地利满目疮痍，但重建歌剧院对他们来说似乎是理所当然的举动——援建资金的用途里明确规定：此援金需用于民生等必须事项。对维也纳人来说，音乐何时不是他们的民生必须？就在这样清苦而浪漫的理想支撑下，维修重建的工作坚持了10年，1955年奥地利结束四国共占，成为独立的共和国，也就是这一年，歌剧院重新对公众开放，首演的第一出剧目是贝多芬唯一一出歌剧作品《费德里奥》。

第一次去国家歌剧院是朋友的生日。朋友是只呆半年的交换生，在咖啡馆里泡了大半个下午，说希望能够在维也纳看一场歌剧，算是了自己一个梦想。但是歌剧票价非常贵，稍好一些的场次加好一些的座位就是大半个月的房租，就算是生日愿望，对当时的我们来说，其实也够奢侈了。

但后来一想，长这么大还没听过现场，如果运气好的话，还可以抢到最后的学生票。于是我们一行三人就这么冲去几条街外的歌剧院票房问票。

那天说不巧也巧，演的是《托斯卡》，所以票早早卖空了。朋友难免露出失望之色，票务却说："你们去排队买站票吧。"

于是我们就按照她的指点来到歌剧院的另一侧，果不其然，看到长长的队伍。

原来维也纳歌剧院还出售当天演出的站票，大厅票3.5欧元，顶楼票两欧元，一天加起来出售不到300张，不预留，先到先得。

这是多么体贴的举动。

我们就这样用一张地铁票的钱，趴在顶楼的栏杆上听完了生命里的第一场歌剧。她在圣诞节前回到加拿大，我则一再地重访此地。

歌剧院的演出大多7点或者7点半开始，为了能保证买到大厅的站票——大厅的站票正对舞台，在所谓"凯撒包厢"的正下方，无论音效还是视觉效果都非常好——差不多4点就要开始排队。排队的人群构成很丰富：互相扶持的老人最多，经验丰富的带着折叠椅，看书或者织毛衣，还带上茶水和点心；然后是下班的白领，站着读《金融时报》；我这样的学生，听音乐或是看闲书；最后就是外地的游客，互相闲聊消遣时光。我曾经在排队的时候遇见一个奥地利的老人，兴致勃勃和我谈了一路，他做学生的时候在歌剧院门口排了3天队，只为求一张卡拉扬重返国家歌剧院指挥的票。我记得那一天我们等的是《费加罗的婚礼》，散戏之后他匆匆离去，说是要开车去米兰，看第二天晚上斯卡拉的演出。

在国家歌剧院的后门等站票，我挨过了奥地利冬天那漫长的夜晚。怎么也忘不了每周总有一两天，趁着天还没有黑透，4点左右来到歌剧院后面，一边做考试模拟题一边等票；散戏之后随着人流走出灯火通明的剧院，凛冽的寒气让人瞬间精神一振。然后走过市政公园，走过新凯旋门，走过人民公园，四下几乎没有别的行人，一直到车站，搭有轨电车慢慢地晃回去。上车前远远望一眼同样灯火通明的国会，巨大的雅典娜雕塑清晰可见，电车开过人民剧院，开过李奥波德博物馆，最终驶进维也纳寻常的街巷，把一个个晚归的人送回家。

原来我从来没有忘记这个城市，只是她太好，我甚至害怕想起。

为美而生
的女人

[01]

母亲是个爱美的女人，一直都喜欢高跟鞋。母亲有很多双高跟鞋，整齐地摆在鞋柜里，虽然很少再穿，但她没事时喜欢拿出来擦拭，放在阳台上吹吹风。父亲边浇花儿边看着她，愉快地叹息，他是那么赏识母亲，这个女人身上从来都没有流逝美丽。

24岁时，我已长成了一个漂亮的女孩，身材高挑，脸上有母亲年轻时的痕迹，白皙而又高贵。我在离家1000多公里的厦门上班，一年回去一两次。每次回家前，照例会接到母亲的电话：要把最美的衣服穿回来漂漂亮亮地见我啊。我在电话那头愉快地笑，母亲始终希望她的女儿是懂得美丽的女人啊。

母亲曾在我长大成人时对我说过，女人就是女人，天性就该柔和优雅，任何地方都应该因为有了女人而变得温暖祥瑞。她给我讲旧上海的女人张良，说她在火车上睡觉还会换棉布睡衣，用围帘把床围住才能安静入睡，女人随时珍爱自己应该是一种习惯；母亲还讲到张良有一次去朋友家，看到厕所里的毛巾有几个小洞，第二天就买了一打毛巾送给朋友，说她的毛巾都是隔两周换一次，基本是用硬了就换，一条毛巾才几块钱，而这有关女人的心情啊。母亲给我讲这一切时，眼里很有神采，像描述着她一个亲切的朋友。

我听了母亲的话，每次回家前，我一定要好好地打理自己一番，比如做一次彻底的皮肤护理，穿上最美丽的长裙，熨帖的长丝袜和细羊皮的带跟鞋，去理发店保养一下头发，头发用漂亮的卡子打一个髻，出门前，再把今年买的美丽衣服装满衣箱，像小鸟一样飞回到母亲身边。想着与母亲的重逢，我忍不住微笑。

两个小时后到家，我先不忙脱下高跟鞋，总要在母亲面前转上一圈，让她欣赏一下她美丽的女儿。接下来，我们就冲进那间最大的洒满阳光的卧室，开始试穿各种漂亮的衣服。父亲则笑着系上围裙，一头扎进了厨房，为我们准备好吃的东西。我打开衣箱，把一件件漂亮的裙衫拿出来摊在大床上，母亲则抖开首饰盒，为我配上颈链和手链，穿好一套，我就摆出一个姿势，让母亲看我漂不漂亮。那次我搭配一条黑色的绉绸裙，上衣用了粉色，母亲轻轻摇摇头，把我的那件淡青色长衫递给我，让我再试，果然，镜中的我像是油画里的女人。真美啊。母亲兴致很高，把自己的衣橱打开，从里面翻出一些她所保存的真丝制品。我记得有一次我穿上她年轻时只穿过两次的黑紫色长裙，戴上母亲的深蓝珍珠手链时，母亲的眼神有些异样，"小苔，你知道吗？你很像我年轻的时候，女人的美丽真的是一种享受啊。当年我就是穿着这样的裙子去见你的父亲。"

母亲有一张最喜欢的老式宽藤椅，放在临窗的位置，她就坐在那张藤椅上安静地欣赏着她美丽的女儿。父亲几次推门进来，给我们递水果和茶，一脸的笑意："你们这两个女人啊，还没忙完啊？""你看哪个漂亮？"我赶紧挽起母亲的手。父亲眼神里那种温柔我永远记得，两个女人是他全部的幸福啊。

等我们试累了，父亲的菜早已摆上了桌，水果、甜品、酱排骨、鸡汤一应俱全。父亲不停地往我和母亲碗里夹菜，他宠着一老一小两个追逐美丽的女人。三个人的家是满满的温暖，母亲在的日子，家里永远有一种宁静和美丽。餐桌上，我们三个人有个约定：秋天的时候，我和母亲将穿上最美丽的衣服，一左一右陪伴在父亲身边，来一场家庭旅行，"让天下所有的男人都羡慕你。"我神秘地对父亲说。对那样美妙的时刻，我知道父亲无限向往。

[02]

可是人生总有太多的意外，就是在那个忧伤的秋季，一场大病带走了美丽的母亲。母亲走的时候，父亲的头发一夜之间全白了，我记得他坐在母亲喜欢的那只藤椅上紧紧地捧着母亲喝水的茶杯不说一句话，那种苍老让我更伤痛。按母亲的话，用她最喜欢的穿旗袍的照片，镜框前放百合，没有逝去的痕迹，倒像是怀念一个出远门的人。

母亲去世的第一个梅雨季节，我从厦门回去看望父亲。推门进去，他正蹲在地上摆弄母亲的高跟鞋，一双双拎出来，仔细擦拭干净，再放到阳台上通风，看到我，他叹了一声气说：我怕长霉了，拿出来通一下风。你母亲那么宝贝这些东西啊。我的眼泪止不住落下来了。我依然习惯性地打开箱子，那里面有那么多美丽的衣物，只是再也没有人欣赏了。母亲走了，我再也没有了表演秀，那场父亲所期待的美丽旅行也消失了。

第二天早上起来，发现父亲坐在母亲的那只藤椅上，背对着窗发很长时间的呆。一个想法闪现在我的脑海里，那场我们三个人约定的美丽旅行还是可以进行啊，我依然可以让父亲成为所有人羡慕的男人。

我最终说服了父亲，踏上去九寨的班机，那里有大片的原始森林，母亲喜欢森林，那是她向往的地方。我拎上了一箱漂亮的衣物，像原来我每次回家时一样，所不同的是，我带上了母亲衣箱里她最喜欢的几件衣服，因为这是三个人的旅行啊。

这一切父亲是不知道的。

九寨果然没让我失望，美得让人心动。第一天，我穿的是那件母亲最喜欢的黑紫色长裙。果然，父亲一看到这套衣服，眼睛都亮了。那一天，他终于对我提起了母亲，他说：小苔，你母亲走了这么长时间了，今天我的心情才好一些。我好像又看到了一些她当年的影子。

我挽着父亲的胳膊在碎石路上一遍又一遍地散步，陪他轻轻说着话。很多人回头看我们，对父亲一脸的羡慕，我穿上母亲的衣服是那么的气质超群，而这样美丽的女儿陪着父亲旅行的是少之又少，所以我们成为注目的对象是理所当然的了。我看到父亲眼角掠过一丝安慰，是啊，母亲走了那么久了，我有义务让父亲重新快乐起来呀。对于父亲来说，母亲的旗袍和鞋子还在，她就不会走太远。

第二天，我换上了母亲的那件宽大的丝绸蓝衬衣，把头发挽得高高的。后来，我才听父亲说，那件衣服是母亲在生下我时父亲买给她的，那种蓝很配优雅的母亲，母亲十分珍爱。今天，我要拖着父亲去逛九寨的小店，那里有各种漂亮的小东西。在一个小店里看到一只小木桶子，我爱不释手，说要买来装沐浴用品，"你呀，跟你母亲一样。"父亲看着我爱怜地笑，他在我身上又发现了母亲的影子。那个为美而生的女人，她所有的基因都遗传给了她美丽的女儿，这是不会逝去的啊。

短短七天的旅行，完成了一个凤愿，也让父亲重新快乐起来。母亲去了，但美丽却保存下来了，它已经成了一种习惯，被我所珍爱珍守，那将永远不会失去。

06

人生需要大度

别错过
自己的天分

他的家乡在黑龙江与内蒙古交界处，也许是受马背上的民族——蒙古人的剽悍性格熏陶，他从小就对马儿有着独特的喜爱。

但他自幼跟随军营出身、戎马一生的父母漂泊不定，无规律的生活使他比同龄人个子矮、身体弱。为了将他锻炼成真正的男子汉，7岁那年，父亲送他到少林寺武校，学习中华传统武术。从此，他开始离家独自生活，体会什么是残酷、什么是汗水如注。就在他渐渐忘却童年的往事，真正开始以"武"为家、以"术"为业时，一次偶然的香港行，改变了他的人生方向。

学校到香港做友好交流，正赶上赛马之季，他们被邀请到马场参观。容纳6万多人的赛场中，连过道中都挤满了观众。骑师们戴着黑色头盔、穿着色彩不同的骑师装，停在比赛线前，当比赛的哨声吹响的刹那，他仿佛回到了童年：骏马奔腾，万人喝彩，掌声雷动，激动的观众跳着、喊着，一切和过去那么相似，他无法用语言来形容此情此景，唯有用心去感受、去聆听马蹄所带来的震撼。

回到酒店，他的心仍然停留在赛场，耳朵里充斥"咚咚"的马蹄声。校规严令禁止学生单独外出，但他实在忍不住，天黑后，趁老师不注意，偷偷溜出来，没钱坐车，就一路跑了十几公里，气喘吁吁赶到沙田马场。因为个子小，他跟在大人后面顺利混进场内。半个小时的比赛很快过去，他仍意犹未尽地回想着夺冠的那匹纯种血马。

他溜进驯马场，想亲眼看看那匹叫骏河的冠军马，抚摸一下它黝黑锃亮的马鬃。也许是因为从小就跟马儿接触，当他亲密地将脸贴在"骏河"的马鬃上摩挲时，它不仅没有生气，还很高兴地配合着他的抚摸。他高兴得搂着"骏河"，低声地夸奖它，"骏河"仿佛听懂了他的话，兴奋地刨着前蹄，仰头高声嘶叫。这一幕令鱼贯而入的骑师们惊呆了：脾气暴躁的"骏河"很难被驯服，就连职业骑师，被它甩下去的也不在少数。

一位黄头发、蓝眼睛的骑师走上前，握住他的手，问他叫什么名字？他有些害怕，想挣脱跑掉，突然间回过神来：这不是刚才夺冠的骑师吗？激动战胜了恐惧，他大着胆子说明自己的来历，并且知道了站在面前的就是大名鼎鼎的世界级著名骑师安东尼。

沉浸在兴奋中的他，回到酒店才明白等着自己的是严惩。他趴在地上，软鞭狠狠抽打在背部，每一下，都是撕心裂肺的痛，可他紧紧咬住牙关，直到最后，教练问他是否承认错误时，他憋足了气，大吼了一声："我要去学赛马。"同学们惊呆了，没人敢反对教练，更没人敢中途离校，可是他们不明白，马儿在他心目中所占的分量。

喊出了自己的心愿，他仿佛大病初愈，再也没有力气解释。但他知道，那一刻，自己成为男子汉，没有在沉默中死亡，而是爆发在怒吼中。

16岁，他离开生活了9年的武校，报名参加骑师训练班。报名的800多人中，最后被录取了7人，他是年龄最小、个子最矮的一个。

第一年的训练极其艰苦。早晨5点起床，替马匹擦身、清理粪便，然后集体做俯卧撑、蹲马步，然后在马背上开始一天的训练。每天不少于6小时，无论是烈日炎炎，还是狂风暴雨，都不能延误或取消，一年365天，没有休息日。这犹如地狱式的训练，对他来说却不足为奇，比起武校的散打、九节鞭、枪剑绳镖的训练，骑师班要轻松多了。

结束一天的训练后，其他同学累得只想睡觉，他却跑到马厩里，细心地给马儿进行护理，每天雷打不动给马匹量两次体温，洗澡，细心地擦干，自己才回宿舍休息。

他知道，要成为一名优秀的骑师，光会骑马技术远远不够，还要有对马儿的情感投入，以及打心底里透出的呵护和爱惜，因为马的智商和人相近，它不仅能接受训导，还能学习模仿，与人交流感情。

从见习骑师到正式骑师，要经过3年，赢得40场头马。而他，仅仅用了1年，便赢得178场头马，提前晋级为正式骑师，那年，他22岁。

不遇暗礁
险滩的秘诀

1960年，杰克·韦尔奇进入通用公司工作，他的岗位是普通工程师，年薪是10500美元，这样的工资几乎每一位工程师都能拿到。

在这个庞大的公司里，杰克·韦尔奇需要良好的人际关系，他需要为此付出足够的精力去建立自己的人际关系。

但杰克·韦尔奇显然并不谙于此道。他唯一要做的就是工作。

十几年后，通用公司上层知道了有这样一个玩命工作并且有自己见解的人。

杰克·韦尔奇以另一种方式同样达到了建立人际关系才能达到的目的。

1981年，45岁的杰克·韦尔奇开始执掌GE公司，这家已经有117年历史的公司机构臃肿，等级森严，对市场反应迟钝，在全球竞争中正在走下坡路。按照韦尔奇的理念，在竞争激烈的市场中，只有领先对手的企业，才能立于不败之地。韦尔奇的举措是改革内部管理体制，减少管理层次和冗员，将原来8个层次减到4个层次甚至3个层次，并撤换了部分高层管理人员。

这是GE从未经历过的，也是韦尔奇之前的经理人不敢涉足的领域，因为其间错综复杂的关系很可能让自己的一切毁于一旦。

但韦尔奇成功了，从1981年到2001年，GE的股票市值从120亿美元上升到1700亿美元。从1998年开始，GE连续被《金融时报》评为"世界最受尊敬的公司"。

说起管理通用公司的经历，韦尔奇用了一个十分奇怪的比喻："我是由猪变成了王子，然后又变成了猪。"

前一句让人联想到韦尔奇初入职场的困境，而后一句就让人捉摸不透了，身为全球知名的经理人，何以用"猪"自喻呢？

而美国的一位专业作家一语道破"天机"：韦尔奇执掌通用公司的20年的所作所为，真的是常人不敢想象，也许只有像"猪"那样笨的人才会把自己的身家性命一股脑儿砸进去。

韦尔奇之所以能重振"通用"，并且自己不被人际关系所伤，无非是主动回避不必要的复杂关系，以自己扎实的工作和明确的目标告诉员工，他所做的一切绝无私心。这让人想起一个故事。一位老船长常年在河上驾船，从未发生过事故。有人问他是不是对河中的暗礁险滩全部了然于心。老船长说："不是，其实我只要把船开进深水区就行了，暗礁险滩就会与我无关。"

其实，我们也要有这样的智慧，人的一生有太多的暗礁和险滩，根本无法一一了解，也根本不必去记住。你所要做的，只要把船开进深水区就行了。

心有梦想，
展翅高翔

17岁，她在南方一所二流大学读书，清秀，孤独，心怀有梦。因贪恋电波里声音的无限温柔，毛遂自荐，写信给电台主持人。"可否帮我成就梦想？"信中这一句，尤为动人。去电台试播，小小梦想如蔚蓝大海涌起浪花一朵，真的实现了。且一朵不多，一朵不少。

流火7月，踩着单车去录节目。往返，湿淋淋的汗，心里亦是快乐。明媚青春，她长成一株植物样的女子，春绿冬白，思无邪。喜听郑智化的歌儿，每次节目间播放，任由清柔的声音顺着电波，枝枝蔓蔓。

19岁，拒绝做小会计的毕业安排，独自留在读书的城，无亲无友，身只影单。生日那天，口袋里没有一分钱，顶风冒雨走去电台。雨水热烈，浇透了湿淋淋的寂寞。她在节目里一吐心声："要做一只翩飞的白鹤，飞渡寒苦的人生。"

依然是自我，心怀有梦的人。决心做一档午夜直播。游说，克服重重困难，节目定为《夜色温柔》。以后的每个周末午夜，她守着电台，如约道来："我是柴静。火柴的柴，安静的静。"

一直喜欢郑智化的歌。沧桑温暖的曲子，多少个夜晚，穿越时空和夜雾的阻隔，慰藉暗夜里那些看不见的伤和寂寞。节目成为名档，拥有了大批听众，她的声音和电波成为这座城里的周末夜宵。

梦里不知身是客。三年的流光瞥啪闪过，决定去读书，去意坚决。后来，她出了第一本书《用我一辈子去忘记》。书里的一段话，这样记录当时的心境："我辞职去往北京，带着北京广播学院的通知书，刚够用的金钱，面目不清的未来和22岁的年纪。"

透过层层流光，彼时，这个清瘦年轻的女子，面目模糊，而眼神儿是执著的。说不清想要什么，只知道要前行。如同一个远足的人，抬头看看天，再低头赶路，天空蔚蓝。

23岁，偶然进入央视《东方时空》。新人进摄影棚，初不顺意。第一晚通宵录完节目，大哭。擦干了泪，接着做下去。现场采访内心受到震动，明白"灾民在你肩上哭泣，才是新闻的价值。"遂从主持人转型为记者，滴水藏海，她试着将自己融进新闻，做新闻里的那个人。她说自己终于明白，对世界的认识，是要行万里路才能得来的。

2003年，非典肆虐时，她深入到一线，7次与非典病人面对面。苍白的小汤山病房里，裹在消毒服里，一张瘦弱苍白的脸，一次次把最有力的信心带给观众。这一年里，全国的观众都记住了央视这个瘦弱勇敢的女记者。她被评为"2003年中国记者风云人物"。

依然做新闻。每每面对镜头，神情淡定，声音柔和。她是矜持冷静的，似乎并不多话，亦不善身体表达。镜头里，她只用最简洁、真实的新闻语言贴近事实。素妆出镜时，清爽短发，喜欢系围巾，像个清秀的邻家女孩。时常在现场，她坐在草坪上采访，抑或面对面看着对方，柔和的声音里，每每透着坚持，不可退让。

是的，坚持。这个清瘦的女子，内心似一片深海，铁马冰河，波澜不惊，却藏着一股巨大的能量。面对华南虎事件，面对学术造假，面对上海倒楼，她以一名新闻记者的良知和正义，剥去伪装，还事实以真相。

亦有温情的时候。汶川大地震，她去现场。没有对现场抢救的报道，也没有救死扶伤的呼吁。在一个叫做"杨柳坪"的受灾村庄中，和灾民一起生活。《杨柳坪的七日》中，灾民诉说着家中的灾情，眼泪止不住地流下来。昏暗中，她捧着一截烛头，无话，所有的力量和言语都淌在脸颊了。

网上有她的照片，不多，眼眸清亮。极爱系围巾，红的，蓝的，黑的。依然一个人，背着大包穿着平底鞋跑现场。依然安静寂寞，读书，多年不改对文字的热爱。最近一次访谈中，她以莱蒙托夫的一首诗表达当前的状态："一只船孤独地航行在海上，它既不寻求幸福，也不逃避幸福。它只是向前航行，底下是沉静、碧蓝的大海，而头顶是金色的太阳。"

　　她是柴静。

　　当热烈包围世界，她以冷静的姿态飞渡。内心有海量，她亦是一片海。心怀有梦，俯身为蓝，总向着最蓝的那片海域飞翔。

追赶月亮
的人

　　她，出生在苏北农村，一个世世代代务农为生的家庭，家里有4个孩子，她是夹在中间不被注意的"老三"。

　　4个孩子要吃要喝要穿，家里经济非常拮据。直到10岁那年，在她的一再请求下，父亲才很不情愿地把她送进了学校，是母亲替她帮的腔："让她上几年吧，好歹能识数，会写自己的名字。"

　　在班级里，因为年龄最大，所以农忙时节，她经常被老师叫去帮忙干活。她喜欢这差事，因为老师家里有台黑白电视机，干活的间隙，老师会善解人意地打开电视让她看。什么歌舞啊港台的电视剧啊，明明是干巴巴的新闻，她也看得津津有味。她总觉得，电视里的那个世界，和自己身处的这个世界不一样，那是一个多么丰富美妙的花花世界啊！

　　也就是那样的一天，她在老师家的电视机里，看见了一排外国人在跳芭蕾舞。那些美丽的人，穿着梦幻一般的白纱裙，头昂得高高的，跳着梦幻一般的舞蹈。她傻了，没有想到这个世界上有人可以这样美，她觉得自己的眼睛热热的，喉头颤动，想要说什么却发不出声音——那也是人吗？是和我一样的人吗？他们怎么吃怎么睡？

她彻底被震撼了。尽管那个时候，她赤着双脚，脚上和小腿上，还残留着秧田里的泥污。

看过那段舞蹈之后的好多天里，她都是精神恍惚，无论吃饭还是上课，即使是在睡梦中，那一排跳舞的人都在她面前晃。她想：那才叫活着啊，如果我也可以变得那样美，穿着那样的白纱裙，站在舞台上跳舞，那么我这一生，就算值了。

她悄悄去问学校里教音乐的老师："那是什么舞？我们学校为什么不教呢？"老师告诉她："那是芭蕾舞，是需要从很小的时候，就开始压腿、下腰训练的，你们这样的已经不行了，骨头都硬了。"

她不死心。那时候她相信老师说的世上无难事，只要肯登攀。还有，只要工夫深，铁杵磨成针。她自己练，天天起个大早，把自己的腿架在门口的石墩子上，拼命往下压，疼得直咧嘴，眼泪都出来了。母亲骂她，"大清早的发什么神经啊！"她不理会，风雨无阻照练不误。

是和她一直这样坚持训练自己有关系吧，16岁的时候，她已经出落成一个身材修长、腰肢柔软的美女，长长的头发像舞蹈演员一样梳得光光的，在脑后挽了一个髻，和同村的那些女孩子站在一起，她显得鹤立鸡群。因为外形出众，有时候乡里有什么会演活动，学校里会安排她去参加，也因此，她比学校里其他的女生要多见一些世面。她会说不太标准的普通话，知道琼瑶和三毛。

别的女同学成天谋划的是去城里的餐馆打工，而她，成天想的是能够站在真正的舞台上，穿着白纱裙锦缎鞋，头昂得高高的，跳一回真正的芭蕾。

她喜欢自己有这样一个不同凡响的梦想，喜欢自己和别人不一样，尽管因为这个梦想，她被那些女孩子孤立，也被大人们泼冷水。

初中毕业了，父亲说什么也不让她再读书了，给了她两条路选择，一条是在家帮助父母种地，年龄合适了就嫁人，另一条是出门打工。她选择了后者。

她在17岁那年去了上海，因为她打听到，上海有一个芭蕾舞团，她径自找去了，她对传达室的大爷说："我想在这里找一份工作，什么工作都行。"大爷问她："为什么偏偏要在这里工作？"她说："因为这里可以看到芭蕾舞。"大爷说："不行啊，这里没有适合你的工作啊。"她失望极了，放下随身带的包袱，一屁股坐在包袱上，捂着脸哭了……大爷正在为难的当口，团里的一个舞蹈家路过传达室，看见这情景，好奇地停下了脚步。舞蹈家刚生完孩子，听大爷说了事情的原委，说："正好，我要找保姆呢，你愿不愿意干保姆啊？"

她抽噎着抬头，泪眼迷蒙中看见眼前的女人修长的脖子、光光的发髻，和电视里那些芭蕾舞演员一样——做不成芭蕾舞演员，能够和芭蕾舞演员一起生活也很好啊。她点头答应了。

　　舞蹈家每天都要在家里练功，知道她爱芭蕾，便允许她在旁边观看，心情好的时候，也能教她几个动作，并且告诉她："如果活都干完了，你可以来这里练功。"当然，如果团里有演出，也会给她弄票。能够如此贴近芭蕾，她心怀欣喜和感激，对舞蹈家的孩子愈发尽心尽力。孩子带得非常好，舞蹈家因此感激她，孩子入托以后，舞蹈家给她报了一个自费的英语大专班，说："既然已经出来了，就别再回去了，但是要想在这城市立足，就得有一技之长。"

　　她不想学英语，她只想在真正的舞台上，跳一回芭蕾。经过几年的暗自苦练，她已经可以跟着音乐跳一整段的芭蕾舞了。

　　舞蹈家告诉她："学英语和跳芭蕾并不矛盾，但是如果你在这个城市连生存问题都不能解决，成为真正的芭蕾舞演员又从何谈起呢？"

　　她想想也是，只要能留在这里，那么一切都有希望。她乖乖去上了这个大专班，刻苦学习，学习之余，依然每天练功。她沉浸在自己的世界里，无暇顾及其他。她捧着书独自走在林荫路上的美丽身影，成了校园里的一道风景。

　　班里有个男孩子，是上海本地人，家境富裕、为人温厚，是班里女生们心仪的对象，可是自从男孩子在学校的元旦晚会上，看她跳过一段芭蕾舞之后，便对她念念不忘，男孩子向她表白：

"我想，如果你能成为我的妻子，如果我能天天看到这么美丽的舞蹈，那么我就是这个世界上最幸福的人。"

大专班结业之后，她和男生结了婚，靠男方父母的帮助，在上海的浦东买了一套三室一厅的房子，她把其中的一个房间装修成练功房，她终于可以在自己的房子里，穿上美丽的白纱裙，美丽的舞蹈鞋，尽情地自由自在地舞蹈。她的身边永远有一道欣赏的目光。

这是一个真实的故事。

故事里的她，是我的姨姐，她现在生活在上海，和丈夫一起成立了一家小小的翻译社，生意很好。丈夫非常爱她，他们有一个可爱的女儿。

而在她的家乡，和她同龄的那些女孩子，那些曾经嘲笑她的梦想的女孩子，要么还在家务农，农闲时打打麻将；要么是在城里打工，住在城市边缘的简易平房里，和小菜贩们为着五毛钱一斤的菜讨价还价……

她今年快40岁了，依然没有实现自己最初的梦想，但是因为这个梦想，像夺目的钻石一样始终闪烁在她的正前方，让她不懈怠不沉沦，引领她向上向上……她全身所有的细胞都调动了起来，这么多年来一直鼓着心劲儿，时刻准备着。

向着月亮奔跑，即使够不着月亮，但至少，你能够成为繁星之一。

别让你的
心里长草

　　小镇有一个叫文志的年轻人出了几天远门，回来时看见邻居张武家正在办丧事。他吃了一惊，忙问看热闹的人："我上星期临走时还看见他在房上晒太阳呢，怎么就突然没了？他刚50多岁呀！"一个人告诉他，一个星期前张武突然失踪了，人们到处找也没找到。有小孩说，在山上玩的时候，看见大坑里趴着一个人。大家跟着小孩去看，那人正是张武，已经断气了。其实坑不深，摔不死人，只是不容易爬上来。他可能是渴死、饿死的吧。

　　旁边一个老者说："不不，他死于两棵草！"说话的人是黄老头，周围的人笑起来："草怎么能让人死呢？他是掉进大坑里死的。"

　　一个熟人又神秘兮兮地对文志说："当时有人知道他掉进坑里去了，就是没救他，也没声张。昨天晚上我和吴树在一起喝酒，他喝醉了说，那天他正好在附近打兔子，看到张武掉下去了，还听见他喊救命了。其实，张武是因为吴树见死不救才死的。"

　　旁边的另一个熟人插言说："也不能埋怨吴树见死不救，如果他俩没仇没恨，肯定会救的。我听我爸说，几年前张武曾带一伙人到吴树家打闹，砸了很多东西，吴树肯定早就怀恨在心呢。"

这时一个老太太说："吴树也是欠砸！你们都不知道吧，一次吴树看见张武和一外地女人在树林里说话，就添油加醋地到处说。张武的老婆听说张武和别人好上了，就又哭又闹，还差点儿离婚，张武的脸都丢尽了。以后张武追查出是吴树造的谣，这才闹到他家去了。唉，他到底还是让吴树给害了。"

黄大仙又说："不不，他死于两棵草！"老太太说："黄大仙老糊涂了吧，怎么老往两棵草上扯呢？"有一个老头儿凑过来说："我知道他俩很久以前的事。那时，张武二十多岁，靠养花、卖花赚钱。吴树十二三岁，母亲常年有病在床，家里很穷，没钱治病。他听说，常喝一种花泡的水就会减轻病情，便借了钱到张武家去买。可那种花很贵，钱根本不够，他只好买了四棵幼苗自己养。几个月后，有两颗长出了花苞，可另两棵就是长不大，原来只是两棵草！他气得找张武大吵一架，从那时起就恨上了张武。"

黄大仙说："他还是死于两棵草吧！"文志说："照这样推论，他还真是死于两棵草，原来你早就知道他们以前的事啊！"黄大仙说："不知道。其实，道理很简单，不仅仅他死于两棵草，很多人都死于两棵草。当你办了一件让别人不服气、不满意的事时，那人的心里就开始长草了。这草会越长越多，你终将会受制于那些草。聪明的人每做一件事、每说一句话都不会留给对方一棵草。"人们都恍然大悟。

走向成熟
的过程

十八岁是一个什么样的概念，你先把十八组成一个字，这个字就是木材的"木"。当你是一棵"树苗"的时候，没有人说你是个可用的"木材"。当这个十八构成一个"木"字的时候，你就具有了可用之才的潜质。十八岁当然不是一个终点，它只不过是一个新的起跑线。

在我看来，成人是生理的，更主要的是心理上的。如果让我用一个词来概括成人的意义，那就是"责任"。

从今天开始，你要承担起更多对自己的责任，从今天开始，你要更多地思考——我要做什么。

高三的生活在我的生命中是一个重要的转折，在进入高三之前我在班上的排名是倒数，那个时候想考大学是不可能的事情，但是就像我参加一场足球比赛上半场我0：3落后，在高三的这一年中，我在下半场，完成了逆转。高考的时候我成了我们班正数第八，考到了北京广播学院。

那么，这一年发生了什么，不过就是在我进入高三后，有了一次没有语言的和自己的对话——"我怎么办，我要做什么？"

经过这次对话之后，我列了一个详细的计划，我把我所有的书都钉在一起，计算总页数是多少，算完之后，我计算了一下到高考那天还有多少天，接下来计算我要看完多少遍。这样我就很清楚每天要看每个学科的页数了。

从那天开始，我严格按照我的计划进行，而且感到非常幸福。因为我看的时候极其认真，因为我知道我百分之百的投入完成了我今天的任务，剩下的后两三百天，我就是按照这个计划执行的，结果我从班上的倒数一跃成为我们班正数第八，如果不算外语的话，我可以是第一的。那段时间我没有什么太大的变化，只不过每天认真完成计划，却有一个巨大的成功在等着我，这难道不是一种启示吗？

当你对自己负责的时候，不是要做多大的事情，而是每天做一个小小的改变。所有第一个责任，首先是你要承担对自己的责任，首先是你要承担对自己的责任，如果过去的责任是老师、家长在承担，今后你要自己去承担。

你还要承担对其他人的责任，在过去的十八年里，我们更多的是说"我，我，我"，今后你经常要关注的是"你"，还有"他"。在这个过程中，有一个责任同等重要，那就是对这个社会的责任。社会是一辆火车，快速地向前开，如果说向前开是一个正确的方向的话，你在哪呢？我希望很多年轻人是扮演推着火车向前的这股力量当中的一个。

　　最后，说成熟和成人，从十八岁开始，在成人礼这一天，也许要面对许多事情。其实成人也意味着你们将面临更多的孤单、挫折、烦恼。当你离开大学校园走向社会之后，会发现生活的真相是平淡。就像天安门广场放礼花，一年一两次而已。生活就是平淡的，你适应吗？还有，无数个挫折在等待你，你接受吗？还有烦恼。今天我们在座的这么多人，不管是在高中还是大学，会成为我们一生当中最好的朋友的，就是在这两个阶段获得的。你们享受着集体的友谊，但是过了十八岁，就会有很多孤单向你们袭来，你做好承受的准备了吗？听完这些词语后你可能会觉得将来很让人担心，会有一些恐惧，我只要告诉你，孤单、挫折、烦恼、平淡是成功最重要的组成部分，是成功的原材料。只有这四个部分搅拌在一起，再加上"坚持不懈"，才能变成"成功"的那个最美好的蛋糕。

　　在你们点燃蜡烛的时候，我背对着你们为你们许下的愿望是：愿你们将来都成为被人们尊敬的、大写的"人"！

　　人生应该树立一个远大的理想，最后让自己在"人"这一撇一捺方面成为一个最优秀的。

　　最后，我把在一个大学院刊上看过的话作为我今天的结束语。它对我也有深远的影响——"其实我们喜欢的不是成熟，而是走向成熟的过程"。

弗莱明
的"做"

　　1881年，他出生在苏格兰的亚尔郡的偏僻乡下，父亲是老实巴交的农民，靠着几亩薄地为生，到他时已是第八个孩子，他也是最小的一个。零零碎碎地读了几年书，16岁那年，他外出打工补贴家用。值得庆幸的是，20岁那年他从姑母那里获得一笔不菲的遗产，得以继续学业，直至医学院毕业。他深深迷上了医学，便留在实验室从事医学研究。

　　有一天，实验室主任赖特爵士主持例行的业务讨论会。大家踊跃发言，绞尽脑汁，唯恐不能率先表达高见，一时沸沸扬扬，唯独他，坐在角落里，左手托着下巴，右手在不停地比划着，一副沉思状。赖特爵士看他沉默不语，不禁转身说："小伙子，你有何想法，也不必拘束，尽可以畅所欲言。"

　　大家都把目光转向了他。

　　"做。"好半天，他的嘴中蹦出了一个字，尔后，仿佛又在思考什么。

　　大家哄堂大笑。

　　下午五点钟，赖特爵士又问他："小伙子，可以谈谈你的想法吗？"

"茶。"原来，该喝茶了。

这一天，他的金口所吐就是两个字。

因此，实验室的人背地里给他起名为"苏格兰老古董"，成了大家茶余饭后的谈资。

他唯一的任务就是细致观察并记录玻璃罐里的葡萄球细菌，并做了几本厚厚的笔记。

"唉，罐里又跑进去绿色的刷子式的霉！"他自言自语，蹙着浓眉。

"奇怪，绿色霉的周围，怎么没有葡萄球细菌呢？难道它能阻止细菌的生长和繁殖？"

他觉得问题来了，而这正是真正科研的开始。

此后，整整十年，他困在实验室，全力研究这种刷子式的霉菌，在理论上进行了充分的论证，在实践上也进行了反复的尝试。多少次，他就是和着水吃干面包全天做试验，没有假日，没有休息。功大不负有心人，他终于证实这种绿色霉是杀菌的有效物质。他给这种物质起了个名字：青霉素。1941年，青霉素首次进行人类测试。青霉素的发现，完全改变了人类与传染病之间生死搏斗的历史，人类的平均寿命也得以延长。

他叫弗莱明，1945年，他与钱恩和弗洛里共同获得了1945年诺贝尔生理学和医学奖。

至1955年，他生命最后的十年，常常有对人生很迷惘的青年向他请教。他只是淡淡地说，成功就一个字：做！看着青年似乎难以理解，他说起了小时候的故事：

　　他的父亲种地的产量远远高于邻居，常常被追问秘诀，而他父亲总是沉默，被人误会有什么秘而不宣的法宝。问多了，他父亲才憋出一个字，做！是的，他早出晚归，忙着锄草、施肥、杀虫，正因为一直和庄稼亲密接触，所以才有好的收成。

　　是的，成功在于去做！美国诗人德兰克曾说：行动才是果实，言辞不过是树叶！有了行动，脚踏实地沿着一个方向埋头苦干并持之以恒，终究会在人生的树上结出累累的硕果！

不差想，
只差做

当我和妻子准备辞掉工作到秘鲁利马去教书时，我听到了许多议论，弄得我心烦意乱。我们的朋友和同事大多认为这是一个疯狂的举动。"你们俩现在的工作多好呀，"他们说，"再说，你们会讲西班牙语吗？"

然而，这些怀疑我们精神出了问题的议论过去之后，我又听到另外一些不同的议论。"几年前我也差点儿到国外去教书的。""我们曾经也差点儿去了南美。""我们差点儿就辞职到国外旅行了。"我从他们的话中听到了遗憾，品出了悔意，于是我和妻子知道我们要做的事情是正确的。

我们花时间研究秘鲁、厄瓜多尔、玻利维亚和其他南美国家的地图，认识这些国家的钱币，了解印加人的土地上曾经出现过的历史名人。旅游手册上的介绍让我们想亲自到阿塔加马沙漠、亚马逊河和安第斯山脉去看一看。

我们在利马下了飞机，乘校车去我们即将工作的地方。途中我们经过了一些印第安人的村庄，那些低矮简陋的房子提醒我们，等待我们的生活将可能是艰苦的。接下来的一年当中，我们需要自己烧水喝，还常常因为不洁的食物吃坏了肚子；我们要学当地的语言，要适应这里的生活——在这个700万人口的城市里有一半人用不上电喝不到自来水；乞丐拽住过我们的胳膊；强盗对我们实施过抢劫；我们在大街上碰到过老鼠；在面临太平洋的峭壁上与一群野狗对峙过；秘鲁最大的恐怖组织"光辉道路"每个月都会对城市的电力设施进行破坏，这时我会点燃蜡烛给国内的亲朋写信；当地震撼动我们的住所时，我们相拥着躲在门廊里，听到门外一片西班牙语的祈祷声和尖叫声；我们徒步寻觅印加人的足迹时会在古遗址上过夜；我们艰难跋涉八天八夜考察了"失落的印加城市"马丘比丘；我们在著名的瓦斯卡拉山上攀登过；我们在印第安人的巴诺斯村庄的温泉里泡过，这个温泉有"天下第一温泉"的美称；我们的房东是一个热心好客的老太太，对待我们像对待自己的孩子一样，每天晚上都会给我们送一罐热巧克力茶，给我们介绍她的祖国的历史；我们在美洲最古老的斗牛场ACHO广场观看斗牛比赛，为斗牛士们呐喊助威；我们在亚马逊丛林的树藤上荡秋千，在丛林深处我们见到了巨大的蜘蛛和蚂蚁，在亚马逊河的急流上我们勇划独木舟。

我们去了南美的其他国家，去了赤道的北面；我们住过一美元一宿的旅馆；我们结识了许多朋友；在横穿世界上最干燥的沙漠的汽车上，我们与一位智利商人交谈了几个小时，我们一会儿讲英语，一会儿讲西班牙语，享受着用一种新语言交流思想的快乐；在乌拉圭首都蒙得维的亚的一个露天咖啡店，一个男孩让我帮助他修改英语作文，我相信第二天他的英语老师会对他的作文留下深刻的印象；在巴西和阿根廷的边境上，我们观看了世界五大瀑布之一——伊瓜苏瀑布。

后来，我们漂洋过海来到了瑞士的日内瓦，在那里一个和我们一起登过瓦斯卡拉山的德国朋友接待了我们，还帮我们用800美元买了一辆二手的法国标致，我们开着这辆车游遍了欧洲；我们在德国山林区、英国湖泊区、阿尔卑斯山脉宿营过；在巴黎、阿姆斯特丹、布鲁塞尔、柏林、慕尼黑、罗马和威尼斯有我们留下的足迹。

18个月之后，我们回到了家，身无分文，事实上还欠了很多债。但是，我们有一橱子翻烂了的旅游手册、一箱子破损了的地图和两颗装满了回忆的脑袋。更重要的是，我们不需要向人们冒出这样一句话："我们差点儿就那样做了。"

爱美之心
成就的辉煌

可可生于1883年，她是一对贫穷的法国未婚夫妻的第二个孩子。可可的父亲是来自塞文山的杂货小贩，母亲是奥弗涅山区一位牧民家的女儿。因为母亲死于肺结核，可可遭到狠心父亲的抛弃，才5岁就成了孤儿。

尽管可可的童年生活充满了苦难，但她却有一颗爱美的心。找不到好布料，她就将旧麻袋剪开后，给自己设计"时装"，她还能用野草、秸秆编织出精美的帽子、头饰。每次，当她穿戴一"新"后，出现在小伙伴面前时，都能引起一阵惊叹。可是，嬷嬷们却不喜欢她这样，认为她是个行为古怪的孩子，如果不是脑子有问题，便是心灵遭受了重创。有人当面嘲笑她："你不过是一个丑小鸭，就是浑身插上了洁白的羽毛，也成不了白天鹅！"

可可在孤儿院一直住到1900年，之后又在救济院里度过了两年。虽然日子难挨，但她从来没有放弃过对美的追求，只要一有时间，她便会精心地打扮自己。后来，可可去了一家缝纫店，在那里当学徒。在缝纫店，她不但学会了缝纫的基本技巧，还有机会接触很多漂亮的布料，这让她非常激动。

　　尽管命运不公，童年不幸，但是"灰姑娘"依旧长成了亭亭玉立的小美人。乌黑的头发，小巧的身材，楚楚动人的眼睛，小而翘的鼻子和一张任性的嘴巴，她的美丽、俏皮和孤傲，勾画出了一幅新女性的形象。特别是她别出心裁的打扮，不管走到哪里，都能吸引无数人的目光。

　　缝纫店的老板是一个思想和行为都极其保守的人，每当他看到可可设计的那些稀奇古怪的衣饰，都会大发雷霆，并警告她，如果再浪费他的布料，他就将她扫地出门！

　　可可只得自己开了一家缝纫店，令所有人都没有想到的是，可可的缝纫店一开张，前来订制服饰的人便挤破了门槛，并且都是有钱人家的小姐。可可每设计一套新的服饰，总要以自己为模特，穿戴好后绕城走一遭，她的身后总会跟着一大群爱美的女孩，等她一回到家里，订单也就跟着来了。缝纫店的老板怎么也想不到，自己竟然将一位"财神爷"给赶走了！

　　1910年，可可的缝纫店遭遇大火，不但所有布料化为灰烬，还将她的头发烧去了一半，身上的那件唯一的睡衣也烧出了好几个洞。一夜之间，可可又变成了穷光蛋。就在许多缝纫店的老板等着看可可的笑话时，她突然神奇地设计出又一款流行的发式和服饰，并引来了大量订单和订金。原来可可的灵感和原材料，竟然就是她那还剩下一半的头发和那件烧坏了的睡衣！

　　从此，可可用自己的姓氏——香奈尔命名，开创了一项伟大的事业。香奈尔的牌子陆续出现在了套装、鞋子、手袋上……实际上，女性需要的每件用品上，都能看见香奈尔的标志。

1920年，可可推出了"香奈尔第5号"香水，方形瓶子，简洁、干净，集中体现了她的设计风格——这是她一生中最重要的事件之一，5号香水使她名声大振，这也是全世界最为著名的香水。之所以用"香奈尔第5号"，而不是4号或其他号，那是因为她不但出生于8月5日，而且还因为这种香水试验了5次才获得成功。

1931年，可可·香奈儿应邀前往美国好莱坞为明星们设计服装。在《永驻今宵》等电影里，她的设计大获成功。尽管美国明星目空一切，但香奈尔设计的套装却成了美国职业女性的标准服饰，至今依然是女性独立、自尊、自强的象征。

可可·香奈尔就这样创造了服装史上的奇迹，成为20世纪最杰出的时装大师。香奈尔的服装风格，风靡了20、30年代，并且一直延续至今。国际服装界称她为"世界单打服装设计师"。

可可·香奈尔说："在我的生命里，臭美比氧气更重要！因为爱美，我没有在阴暗的生活中沉沦，也因为那颗爱美之心，成就了我今天的辉煌！"

人生
需要大度

　　他是整个高二年级公认的坏孩子，旷课、打游戏、逃学、欺负女孩子，甚至是顶撞老师……除了几个同样调皮捣蛋的男同学，几乎没有人愿意跟他坐在一起，哪怕是邻桌。

　　但是，他还是有一样非常拿得出手的本事，那就是漫画。可以说，任何老师的课他都不听，更是很少动笔——除了画漫画。

　　一天，班里新来了一位姓张的英语老师，是个刚刚毕业的女大学生，人长得很漂亮，刚上了一节课，同学们就都深深地喜欢上了她。当然，他也是。但是，向来劣迹斑斑的他与其他同学对老师的喜欢方式不同。他不是在老师的课堂上认真听讲，而是一边瞅着老师，一边画漫画。

　　那是第二堂课，老师正带领着同学们朗读新单词，只有他，低着头趴在桌子上，画着不知所云的漫画。他画得很投入，以至于老师都走到了他跟前，他还没有发觉。当老师走到他跟前提醒他时，他仿佛一下子吓坏了，把整个身子都趴在漫画上，生怕老师看到画面上的内容。但是，尽管他捂得很严实，还是被看到了，那上面画的不是别人，正是女老师！

看到这里，女老师顿了一下，想发怒。但是，看了看眼前无助的他，却只是没收了他的画，转身走了。老师继续讲自己的课，而他却一个字都听不进去。因为，以他的经验断想：一场关于自己的批斗就要开始了。于是，他想到了逃跑。

下课铃响了，他正准备趁机溜走，不料却被老师叫住了。他暗叫不好。但是，还是随老师来到了办公室。办公室里只有他和老师两个人，他噤若寒蝉地站在那里。他想，无论老师怎么骂都可以，只要不向校长告发他。"坐下吧。"老师发话了。他简直不敢相信自己的耳朵，老师竟然叫他坐下，这在平常是从来没有的。正这样想着，老师拿出了他在课堂上画的画，一边端详一边告诉他："谢谢你为我画的漫画，你的画画得很漂亮，也很有想象力。但是，下次不要在课堂上画画了，上课就要认真听讲，有不会的问题就问我，好吗？"

不会吧！老师不但不批评，反倒夸自己。老师接着说："到班级上课之前，我就了解到了你的情况，你父母离异了，你妈妈把所有的希望都寄托在了你身上。你美术这么好，为什么不参加学校美术班呢？凭你的资质，到时候，考个艺术类本科应该不是难事！好了，不早了，你妈妈还在家里等你呢，回家吧。"

他迈着沉重的步子走出了办公室，早已经泪水滂沱。那天，他再也没有像往常一样钻进网吧打游戏，而是早早回到了家里——他要整理自己的课本。

那次谈话以后，他仿佛变了一个人。每堂课都认真听讲，再也没有逃过课，还报了美术班。先前那些不愿和他接近的同学，此刻也都纷纷帮助他。经过一年半的努力，他不光考上了艺术类本科，而且还是重点院校。

他就是我的同学张林。如今，他已经本科毕业，正在读研。每当回忆起往事，他总会动情地告诉我们："多亏了张老师。如果没有她，我很难想象自己的现在……"

是在别人"错"的伤口上无情地撒上一把揭穿的"盐"，还是用自己宽容的"药"去帮别人慢慢清洗呢？事实证明，后者才是人与人之间沟通的最佳途径。因为，宽容如药，不光洗尽了别人疮口上"错"的铅华，还在别人痊愈的心灵上涂上了一层爱的护肤霜！

给你
一个拥抱

周六的下午，我和女儿金妮到购物中心购物。刚下车，没走几步，就碰上了一件意想不到的事。

"你想要一个拥抱吗？"一位年轻人问金妮。他手上举着一个牌子，上面写着：免费拥抱。我看看周围，有几个人跟他一样，也高高举着手工制作的牌子，上面写着同一句话：免费拥抱！

"当然！"金妮踮起双脚，年轻人弯下腰，两个完全陌生的人就这样拥抱在一起。

"哇！"年轻人感叹道，"这是我一天中最好的拥抱。"

"我也是。"金妮笑着说。

年轻人看着我："来一个拥抱怎么样？"

"听起来不错！"我走进他张开的双臂，我们简单地拥抱了一下。

这时，旁边一个年轻女士走过来，拥抱金妮。接着她转向我，张开她的双臂，也拥抱了我。然后，金妮和我走到一边，观看免费拥抱者与那些接受他们的人亲切拥抱。

随后，我了解到拥抱我们的那个年轻人的一些情况。他叫朱安·曼恩，早些年生活在欧洲，2004年回到悉尼。他因为父母的离婚而变得心情抑郁，而他的大部分朋友也已经离开了悉尼，找不到一个诉说对象的他在家里呆了好几个月。

孤独抑郁的朱安决定向世人展示一个与众不同的行为。他制作了一个写着"免费拥抱"的牌子，然后手举牌子，站在悉尼市中心最繁华的皮特街的购物中心前，他打算向接受他的任何人张开他的双臂。

朋友预想他会遭受嘲笑，但是事情的发展并非朋友预料的那样。

15分钟后，一位女士接近了他。"我的小狗今天死了，"她说，"今天也是我唯一的女儿去世一周年的纪念日，我想得到一个拥抱。"

朱安回忆说："与那位女士拥抱的意义远远超出了动作本身的意义。那个拥抱对她意味着某些东西，这些东西我想应该就是心灵的安慰。"

SickPuppies乐队的主唱西蒙·摩尔，曾去看望曼恩。他们拥抱并且成了朋友。摩尔借了一个摄像机，拍摄了朱安给予别人拥抱的情景。当曼恩的祖母去世时，摩尔把这段视频配上他的乐队创作的歌曲《AlltheSame》放上了全球最大的视频网站YouTube，并附上以下解说词："有时候，我们每个人都需要拥抱。免费拥抱是一个现实生活中具有争议性的故事，故事的主角是一名叫朱安·曼恩的男子，他唯一的目的是，张开双臂，拥抱陌生人，给他们的生活带来光明。"

视频出人意料地火爆起来，并在世界各地广为传播。朱安因此上了几个著名的电视节目，他的行为赢得了不少人的支持。

他还发现了印度的艾玛、亚特兰大的贾森·亨特，以及纽约的杰森·李特曼也做着同样的事。

杰生与朱安是在同一年开始拥抱活动的。他们都觉得拥抱是人类的身体与心灵的需要。杰生是曼哈顿的一名金融分析师，他相信纽约是一个可以给予和接受免费拥抱的城市。从2004年到2006年，每个月他都利用周末的一个下午，向任何需要身心安慰的人张开他的双臂。

现在，越来越多的人加入了杰生的行列。周六下午，你可以看到他们聚集在曼哈顿的联合广场，向人们提供"免费拥抱"。而他们得到的最好的回报，就是看到人们脸上带着笑容离开。

朱安的队伍也在不断壮大。那天下午，看着朱安和他的同伴与一个个陌生人拥抱在一起，我感到一阵温暖溢满了我的心胸。我们每天都生活在压力和忧虑之中，但在那个下午，一切都已被忘记。

我们只是进行了一个简单的拥抱，但一切变得更加美好起来。原来这个世界还存在着浓浓的人情味。

一条毛毛虫
的自白

我的一天，是从幽曲的洞穴中探出头的那一刻开始的。

我不会计较这是早晨还是中午，没有谁要求我必须在什么时候钻出来，我坚持着自由的心性，伸完一个懒腰，打过一个哈欠，便让明媚的阳光一览无余地倾泻在我通体乳白的身上。

我挺喜欢这个地方，有一大片草地，有一棵直入云霄的树，还有一两声的鸟鸣，恬淡、幽静而又与世无争。我故意不把一片草地走完，也不愿急着攀上树的顶峰，我知道生活中有一种极致不需要抵达，我只想在内心深处，享受生命因探索而带来的愉悦过程。

我把家建在这面偏僻的土坡上。草牖柴扉，蓬门荜户，我不想打肿自己充胖子，我要让外在的一切形式都朴素些，以贴近内心的朴素。

我发现我在寂静中活得很好，就尽量让自己离喧嚣远一些，于是朋友很少，只有淡泊的一两个，也懒洋洋的不常来往。

有一天在路上我遇到了一条素昧平生的虫子，我们谈了很久，从早晨到傍晚，然后一直到星辉满天，因为我们所谈的东西都带着对生命的敬畏、尊重和关爱，所以我们彼此赢得了对方。它走的时候，只翻过一棵大草叶片，便没入夜色当中。我送走过许多这样的朋友，没有名姓，不知来处，或许最真的交往，只是灵魂与灵魂的接纳、引领和融洽，而无需涉及地位、权势、财富这些世俗链条上的环节。

也许我会因自己的固执在现实中过得很狼狈，但我清楚在生命中，什么该死死地坚守，什么该彻底地放弃。

我知道自己太渺小了，身边有许多庞大而且不可一世的天敌，比如一群鸟雀，稍不留神就会成为它们的腹中之物。

我知道真正的强大不是体魄的强大，而是内心的强大。一个叫海明威的人说：人生来可以被毁灭，但是决不能被打败。外表弱小的毛毛虫的精神世界也是这样的，所以，我要让自己柔弱的身姿，即便在毁灭的那一刻，折射给这个世界的也应该是强悍，而绝不是虚弱的内心。

善念，是培植在内心深处的一棵树，不要因为善小，而忘记在对方干渴的时候端上一瓢水，倒伏的时候及时扶一把，郁闷的时候送上一句安慰的话，这点滴的善最终会为我们的生活结出快乐。生命中的一些东西就像手中的沙子一样，不会驻留太久，还有一些东西会在岁月流转中，忘恩负义地背叛你。唯有快乐那么忠贞，那么坚忍，在你最苦难的时候，在黑暗的心底为你透出光亮。

我懂得寻找怎样的一只虫子开始我的爱情，我可以活得卑微，但绝不能让自己的爱情沦落在卑微之中。爱的门当户对，不是对等门第，而是对等和谐的心灵。所以我也不想通过爱情去攀附权贵，用牺牲爱的方式，让自己摇身一变成为财富的附庸。我要紧紧地握住爱的真谛，相濡以沫地操练爱情，我懂得，在爱的天平中，重要的是要多为所爱的一方增加砝码，让爱为对方而倾斜，这样的爱情才会求得最大的平衡。

我要平静地告诉孩子，作为毛毛虫的后代，不要想在祖辈的手上得到什么遗产，以荫蔽自己轻松地在这个世界上活下来，我要告诉他们的是：我们可以活得贫穷，但不能失了风骨；我们可以活得土头土脑，但不能胸无大志。

三餐就简，随便一点露水，任意一枝绿叶，就可以吃饱喝足。洞穴狭小，以枯叶为床，与风同眠，在一地浅吟低唱的呼噜中，也可以睡得安稳踏实。凭良心行事，不怕夜半鬼敲门；清心寡欲，自然难同床异梦。

如果不远处，能有一溪清流，时时濯我手足，或许我会活得更洁净；如果常能有智者夜半降临，让我醍醐灌顶，也许我会活得更轻松。

鲁比的
玫瑰

在我们那儿，住着一对老夫妻，丈夫叫杰克，妻子叫鲁比。他们足不出户，整天待在家里喝威士忌。我听到他们说过的唯一一句话就是："快离开我们的玫瑰花丛！"他们所说的玫瑰花丛其实就是一道将我们家和他们家分隔开来的玫瑰花篱笆。

小杰克是他们唯一的儿子，刚刚从越南打仗回来。

那天，我们在我家的院子里举行了一场街坊垒球赛。正当约翰尼竭力想抓住一个"腾空球"的时候，没想到却被一株浑身是刺的玫瑰给绊倒了，并且压在了其他玫瑰上面，有10多株玫瑰惨遭劫难。

正当约翰尼躺在那些玫瑰花上面咒骂它们的时候，杰克家的那辆小型货运汽车驶进了他家门前的车道。很显然，他们已经看到了眼前发生的一切。于是，只听"吱"的一声尖叫，汽车紧急刹了下来，小杰克迅速地从车上跳了下来，然后向约翰尼冲了过去。

"你这个小混蛋！"他吼道，"瞧瞧你对我家的玫瑰都干了些什么！"

接下来的事情我已经记不太清了，只记得那群孩子都吓得飞也似的逃走了。

我的妹妹也飞快地跑回了家，把刚才所发生的一切都告诉了妈妈。

妈妈连忙放下手中的针线活，厉声斥责道："瞧瞧你们几个疯丫头，我早就告诉过你们，不要在那些玫瑰花丛旁边打垒球，你们就是不听。现在，马上跟我出去，帮他们修整一下！"

我们抗议道："他们对我们实在太坏了……"

妈妈以一种不容抗拒的目光怒视着我们，我们只好跟着她来到了院子里。杰克家的车库门开了，鲁比缓缓地走了出来。她看起来有些难过，径直走到我妈妈的对面。然后，两个女人面对面地站在那道玫瑰花篱笆新撕裂的缺口处，互相对视着。我们全都屏住了呼吸，静静地望着她们，看看究竟谁会第一个吼出那些不堪入耳的话。

然而，正当我们一个个都忐忑不安的时候，却看到妈妈走上前去拥抱了鲁比，她轻轻地说："对于这些被损坏的玫瑰花，我们感到非常抱歉。如果我们不能将它们修复，那么我的女儿将会为您补种一些。另外，作为补偿，她们还将在今年夏天为你家的玫瑰花丛铲除杂草。"

听了妈妈的话，我和妹妹气愤地互相看了看，但是，鲁比却激动地望着妈妈，泪眼婆娑地说："我知道，对于那些玫瑰花，我们家都太过紧张了。但是，对我们来说，它们确实有着非常特殊的意义。当年我母亲从英格兰来这儿的时候，从她最喜欢的玫瑰花丛里带来了一株玫瑰。看到它们，她就会想起她的家乡。"说到这儿，她稍停了片刻，然后悲伤地说："我母亲天生精于养花，她仿佛有一种魔力。经过这么多年之后，当年那一株玫瑰如今已经长成这么一大片玫瑰花丛了。"

说着说着，她的声音哽咽了："我母亲去世的时候，小杰克正在越南打仗。直到今天，他才得知这个消息。因此，当他看到玫瑰花丛被损坏时，他便再也忍不住悲伤，几乎要崩溃了。"鲁比一边擦拭着泪水，一边说，"我们把他拖进屋的时候，他才平静下来，他承认自己当时情绪确实是失去了控制。"

听到鲁比说的话，我感到非常难过。

"我们也像你们一样，都非常喜欢玫瑰花。我们很乐意帮您一起照看它们。"妈妈说，"要知道，有人说我也有一种魔力，也精于养花呢！"说完，她们一起跪了下去，一边说着话儿一边检查着那些被损坏的玫瑰。几个星期之后，那些玫瑰花又恢复了生机。

从那天开始，整整一个夏天，我妈妈都和鲁比一起侍弄那些玫瑰花。

许多年之后，鲁比的儿子成家立业了，鲁比的丈夫也去世了，她便成了我们家的一员。对我们来说，她已经是我们的鲁比姑妈了。至于那道玫瑰花篱笆，也已经不再是篱笆了，妈妈已经将它变成了一座桥。

在梦想中
起飞

一个阳光融融的上午，塞尔玛的祖母推着她，来到莫尔巴卡庄园外。塞尔玛·拉格洛芙出生于瑞典一个贵族家庭，3岁时，患了小儿麻痹症，她的童年在轮椅上度过。对于幼小的塞尔玛来说，祖母是她生命的支柱，祖母天天陪伴着她，教她阅读，给她讲故事。

远处，碧绿的田野上空，有一只鸟儿一边飞，一边欢快地鸣叫着。塞尔玛看得痴了，双手伸张，仿佛自己也拥有了一对翅膀。很快，祖母发现，塞尔玛的神色忧郁了起来。

塞尔玛轻轻地问祖母："我还能站起来吗？"

祖母说："会的，只要你拥有了翅膀，就会像鸟儿一样飞翔。"

塞尔玛转头看着祖母，问："可是，我的翅膀在哪儿？"

祖母说："梦想，梦想就是一对翅膀。"

从此，塞尔玛开始阅读大量的经典名著，那些大作家笔下的人物，一个个深深地印在她的脑海里。她试着拿起笔，在轮椅上写作。但是，她写的东西充满了幻想，与现实太遥远。一次，在庄园外的小路上，塞尔玛听到有人讽刺她的小说时，将笔远远地扔了出去，痛苦地说："作家都是有生活体验的，可我一点生活阅历也没有。"祖母赶紧劝慰她："你虽然很少出去，但我就是你的双腿，我的生活阅历不都说给你听了吗？"

　　祖母的话燃起了塞尔玛创作的欲望，她开始了创作的梦想之旅，用了半年时间，写了一部冒险作品。等祖母全部看完，她问："有没有希望呢？"祖母笑着说："我看希望很大。"塞尔玛非常高兴，她委托父亲将书稿送到一家出版社去。

　　那家出版社的社长是塞尔玛父亲的战友。父亲微笑着说："我的战友已经看了部分书稿。""他怎么说？"塞尔玛赶紧问。父亲说："希望很大。"

　　但是，等了几个月，塞尔玛的书稿一点消息也没有。一天，塞尔玛让祖母推着她，去了那家出版社。有一个和父亲差不多年岁的中年人，正坐在靠窗的位置，翻看着一部新出的书。塞尔玛走进去，问："我叫塞尔玛·拉格洛芙，几个月前，我委托我的父亲，也就是您的战友带了一部书稿来，不知它现在的命运如何？"

　　社长说："是有这么一部书稿，但是，在你父亲递给我的那天，我就退还了他，因为它完全达不到我们的要求，我建议你看看这位印第安人的冒险传说吧。"说着，社长把手中的新书送给她。

　　回来的路上，祖母担心塞尔玛的心情受到影响，不住地劝慰她。但是，很快，祖母发现塞尔玛的注意力被那本探索书吸引了。整整用了三个月的时间，塞尔玛将那本书读了一遍又一遍，这本书激起了塞尔玛的创作激情。

为了给塞尔玛看病，家里耗费了大量的金钱，经济状况一年不如一年，终于，在塞尔玛23岁这年，不得不变卖了庄园。就在庄园出卖的那天，塞尔玛离开了家乡出外求学。这时候，她的双脚经过不断地医疗，已经可以像常人一样行走了。走出庄园，塞尔玛回头深望一眼，默默地说：我会戴着光环回来的。

24岁时，塞尔玛考入了罗威尔女子师范学院，毕业后，她一边教书，一边写作，33岁时，她的第一部小说《贝林的故事》问世，受到了文学评论家斯兰兑诺的肯定，之后，塞尔玛一发而不可收，先后创作了《假基督的奇迹》《一座贵族庄园的传说》《孔阿海拉皇后》、《耶路撒冷》《尼尔斯骑鹅旅行记》等作品。

1907年塞尔玛被瑞典乌普萨拉大学授予荣誉博士，1909年荣获诺贝尔文学奖。1914年，塞尔玛被瑞典学院选为院士后，她拿出一笔巨款，将幼时曾经带给她梦想的庄园买了回来，并亲自在庄园前面的石头上题了两行字：不在梦想中跌落，就在梦想中起飞。